Wo das Münsterland
am schönsten ist
Entdeckungsfahrten in Münster und
siebenmal um Münster herum.
Beschrieben von Rainer A. Krewerth,
mit Bildern versehen von
Dieter Rensing.
Ein Bildband und Lesebuch mit
Geschichte und Geschichten und
gleichzeitig ein Führer mit handfesten
Informationen für Einheimische,
Reisende und Zugereiste

Wo das Münsterland am schönsten ist

In Münster und siebenmal um Münster herum
– acht Entdeckungsfahrten für Einheimische, Reisende und Zugereiste.
Beschrieben von Rainer A. Krewerth,
mit Bildern versehen von Dieter Rensing.

Ein Reiseführer, Bildband und Lesebuch

Aschendorff Münster

Seh' ich dich so, mein kleines Land, / In deinem Abendfestgewand: / Ich meine, auch der Fremdling muß / Dir traulich bieten Freundesgruß. / Du bist nicht mächtig, bist nicht wild, / Bist deines stillen Kindes Bild, / Das, ach, mit allen seinen Trieben / Gelernt vor allem, dich zu lieben.

Annette von Droste-Hülshoff

In Münster und siebenmal um Münster herum

Vorweg eine Handvoll Empfehlungen

Unser neues Buch, verehrter Leser, will Appetit auf das Münsterland machen – dazu anregen nämlich, alte und neue, bekannte und kaum entdeckte Kostbarkeiten zu finden und wiederzufinden.
Vor allem Zugereisten, Neubürgern des Münsterlandes wollten wir – Dieter Rensing und ich – einen Leitfaden geben, ihre neue Heimat gründlich kennenzulernen. Sie hatten uns oft danach gefragt.
Aber auch »Paohlbürgern« und Touristen hoffen wir ein wenig helfen zu können, das Münsterland buchstäblich zu »erfahren« – mit dem Auto nämlich oder dem Fahrrad. Wer wandern will, dem wird der liebe Gott die rechte Gunst erweisen: stille und angenehm flache Wege, die überallhin führen. Die acht Kapitel unseres Buches beginnen mit Münster, der alten Provinzialhauptstadt, von der sternförmig alle weiteren Touren ausgehen.
Einige Tips: Neigung und Laune lassen viele Möglichkeiten, ans Ziel münsterländischer Glanzpunkte zu kommen; aber gute Karten im Maßstab 1:50000 ersparen unnötige Irrwege.
Zweitens schlagen wir vor, jede Fahrt mit dem meist vorzüglichen Material der Verkehrsämter und -vereine genau zu planen. Deren Anschriften finden sich am Ende eines jeden Kapitels, ebenso einige Literaturangaben.
Drittens scheint uns wichtig, sich mit einem Klassiker zu »bewaffnen«, der selbst die scheinbar nebensächlichsten Details der Kunstgeschichte penibel beschreibt. Es ist der Dehio-Band »Westfalen«.
Viertens, und mitnichten zuletzt: Nehmen Sie die gute Laune mit, die uns seit vielen Jahren immer wieder durchs Münsterland begleitet hat – dorthin, wo unsere Heimat am schönsten ist.

Rainer A. Krewerth

Inhalt

Frühschoppen: Im Winkel vor dem Großen und dem Kleinen Kiepenkerl genießen jung und alt gern die Sonne, die das Kiepenkerl-Denkmal bescheint

Eine Stadt mit Sonntagsgesicht

Münster trägt das Signum aller alten, noch im Zeichen von Wall und Graben gebauten Städte: Man kann darin die Runde gehen, durch enge Straßen und winklige Gassen. Und in einer Stunde hat man im Lindenkranz der Promenade die ganze Altstadt umschritten, mit all ihren schönen, alten Kirchen und Kapellen, Adelshöfen und Bürgerhäusern

Mäti Robert im MERIAN

Wir saßen unter dem Kiepenkerl-Denkmal, klaren Korn und süffiges Bier vor uns – alles fidele Gesellen zwischen 30 und 40; einer aus Cloppenburg mit Gattin; einer aus Augsburg mit Freundin aus Paris; einer aus Köln; einer aus Münster selbst; einer aus Warendorf. Wir hockten da in dem schützenden rechten Winkel, den die Fassaden von »kleinem« und »großem« Kiepenkerl bilden, unter vielen anderen fidelen Leuten. Der Ober, der schwitzend, doch ohne Hassebassen die Frühschoppenbierkrüge in diesen lichten Frühsommermorgen schleppte, hatte bei unserer ersten Bestellung nett und adrett, mitnichten servil und sehr knapp geäußert: »Auch mal wieder in Münster? Dann viel Spaß.« Ohne Ausrufezeichen. Er meinte den aus Warendorf. Das war ich. Ich freute mich. Man kennt sich in dieser Stadt, auch nach vielen Jahren noch.

Ich sehe den Mann im blauen Leinenkittel selten, weil ich zu selten nach Münster komme. Stets fragt er: »Auch mal wieder hier?« Ich freue mich jedesmal.

Man geht nicht unter in dieser Stadt.

So saßen wir überaus wohlig vor uns hin, blinzelten faul in die Sonne am blaßblauen Himmel und sprachen ohne Hast und Gedöns – man ist nicht hastig hier – über die Gründe unserer Zusammenkunft bei Bier und Korn und über unsere Beziehungen zu dieser »sehr bürgerlichen Stadt«, wie Mäti Robert sie nennt. Der Cloppenburger hat eine Neußerin geehelicht. Als er in Bremen studierte, sie in Düsseldorf arbeitete, trafen sie sich wochenends in Münster, Handorf, Hiltrup, Sudmühle. Es hätte ja auch Osnabrück sein können oder Köln. Es war aber Münster.

Sie: »Schön war das.« Er: »Ich möchte hier leben, aber ich lebe in Bayern.« Ein »Leider« schwang unüberhörbar mit. »Das ist eine Stadt zum Atmen«, fügte der Cloppenburger hinzu. Der Augsburger wunderte sich, daß die Münsteraner so gern so viele Bücher kaufen. Er muß es wissen, er ist Verleger. »Hier wird noch gelesen«, befand er, »hier gibt es noch ganz altmodische Muße.«

Seine Freundin aus Paris guckte immerzu auf die Straße. Da ging ein würdevoller alter Herr vorüber, gekleidet in zeitlose, unauffällig gutbürgerliche Mode, den Schirm über den angewinkelten linken Arm gehängt. »Ein Professor?« fragte sie. »Wahrscheinlich«, erwiderten wir, »emeritiert, geht jetzt flanieren.« Man geht hier noch flanieren.

Ein überaus hübsches, hochbeiniges Mädchen folgte dem Professor; dann kam ein interessanter, wildbärtiger Bursche in Jeans, unterm Arm eine Geige; dann eine Endvierzigerin mit Fuchspelz zum luftigen Sommerkleid. »Lustige Leute«, flötete Chantal aus Paris, »charmante Leute sind das hier.« Wir freuten uns – Samstagmorgenmenschen in Münster; eine Stadt führte ihren Charme spazieren.

Der Kölner wollte malen in Münster. »Eine wirklich malerische Stadt«, meinte er, »luftig und mit viel Licht.« Das freute uns auch.

Der Münsteraner sagte nur: »Hier kriegen mich keine zehn Pferde mehr weg.« Er sprach das weg wie »wech«; damit war es als unumstößlich ausgewiesen. Dann stand er auf und sprach ganz ruhig: »Muß mal zum Schontebeis.« Das war Masematte und hieß, er wolle auf ein gewisses Örtchen. Masematte ist ein abenteuerliches Idiom in Münster, Rotwelsch auf westfälisch.

Der Warendorfer – eben ich; mich hat es nach Bayern verschlagen – murmelte scherzhaft etwas vom Emigrantenschicksal und daß Münster eine Sehnsucht- und Heimwehstadt sei, man müsse nicht einmal dort geboren sein, nur dort gelebt, studiert, gearbeitet haben. Da freute sich der Münsteraner. Er kam soeben vom Schontebeis zurück.

Sieben Aussagen über Münster, frühsommermorgendliche Monologe, Dialoge, Bekenntnisse. – Ich bitte, mir die lange Vorrede nachzusehen. Aber es war so angenehm, an diesem Junitag in Münster mit der Seele zu baumeln, in dem schützenden rechten Winkel, den »kleiner« und »großer« Kiepenkerl bilden.

Schauen wir in das Sonntagsgesicht der Sehnsuchts- und Heimwehstadt. Informationen über allfällige Alltagsgesichter, Geschichten über Runzeln, Randale und Rumoren entnehme man bitte der diesbezüglich besser orientierten örtlichen Presse, der »kleinen« oder der »großen« Zeitung. Kleiner und großer Kiepenkerl, kleine oder große Zeitung – man liebt handfeste Rubrizierungen in dieser Stadt.

Es ist erstaunlich, wie still es in der baumbestandenen Promenade zugeht. Viele Leute sind da unterwegs: Rentner, die ihre meist zu wohlgenährten Hunde an Linden nässen lassen; Studenten, die zwischen zwei Seminaren von Institut zu Institut radeln; Hausfrauen mit Einkaufstaschen; Kinder auf Rollern, Kettcars, Rädern – es ist immer Betrieb, doch es ist immer wohltuend still.

Die Promenade erlaubt, in einer guten, geruhsamen Fußstunde zu umwandern, was einmal Münster war, ehe es aus den Nähten platzte. Ein früher Sonntagmorgen im Altweibersommer, ein dämmernder Samstagabend im Frühling scheinen mir der beste Zeitpunkt, sich in diese bürgerliche Stadt an der träge plätschernden Aa behutsam einzufühlen. Liebenswerte Ein- und Ausblicke tun sich auf, Puppenstubenbilder sorgfältig bedachter Aufgeräumtheit; Einblicke in sauber gezierte Gärten vor verhalten vornehmen, gediegenen Häusern; Einblicke in penibel gepflegte Hinterhöfe, die fast schon holländisch anmuten mit Rasen, Rosen und Ranunkeln; Ausblicke auf die vielen Kirchtürme der Stadt, den Aasee, den Zwinger, die

Am Aasee: Mächtige Betonkugeln des Künstlers Claes Oldenburg, geschaffen für die Ausstellung »Skulptur« in Münster 1977, die weltweit bekannt wurde

Markttreiben vor dem Rathaus: Das Bauwerk aus dem 14. Jahrhundert, im Krieg fast gänzlich zerstört, war 1648 Stätte des »Westfälischen Friedens«

Kneipenkultur: Münsters Gastronomie ist berühmt; Wirtschaften wie Pinkus Müller (Bild), Töddenhoek, Kiepenkerl und Bullenkopp locken viele Gäste

Engelschanze, den Buddenturm, das Residenz-Schloß von Johann Conrad Schlaun. Bei aller Scheu vor zu groß geratenen Vergleichen – der Aasee erinnert mich stets ein wenig an Hamburgs Binnenalster: Wo denn gibt es in Deutschland Städte, in denen ein ausgedehnter Segel-, Ruder-, Paddel-, Trampelboot- und Schwanensee seine sanften Wellen just vorm alten Stadtkern ausschwappen läßt? Welcher Zoo in Europa kann von uns Landratten – im umweltfreundlichen Elektroboot – auf dem Seeweg angesteuert werden? Wo reicht ein uriges, nun ja: mitunter heimattümelndes Museum wie der Mühlenhof fast an die Grenzen der betriebsamen Innenstadt heran? Ein Freilichtmuseum, das aber doch auch, bei allem Gedöns, dokumentiert, wie draußen auf dem Land das bäuerliche Leben noch vor dreißig, fünfzig, hundert Jahren war?

Zum besten, das Münster zu bieten hat, gehören Faulenzer- und Hinguckerstunden in Biergärten an der Promenade. Der »Pulverturm«, diese famose Kaschemme (= Wirtschaft, wieder Masematte!), hübsches schwarzweißes Fachwerk hintenraus, verfügt über ein solches Bierparadies inmitten von Blumen und üppigem Grün. Wenn wir Glück haben, tut Märri Dienst, eine ebenso liebe wie resolute Kellnerin aus dem Oldenburgischen, und wir müßten eigentlich Glück haben, denn Märri ist immer im Dienst, seit vielen Jahren schon; wir sehen Kaninchen völlig ungeniert durch den glattgemähten alten Stadtgraben hoppeln und denken uns sehr wohlig, daß sich dort vorne, zum Greifen nahe, ein ganz und gar anarchisches Leben trotz städtischer Gartenordnung abspielt: Betreten der Grünflächen strengstens gestattet! Was sind gegen diese wilden, unscheinbaren Hopser die blasierten, weiß und roten kommunalen Flamingos an der Engelschanze? Die Karnikkel verhalten sich zu diesen arroganten Vögeln wie ein Speismakeimer (Bauhilfsarbeiter) zum Obermacker (Chef).

Münster kennenlernen zu wollen – eine Freundin aus München sagte mir das – ist ohne Fahrrad fast so aussichtslos wie Paddeln in der Sahara. Was für das Münsterland ebenso gilt; doch davon in späteren Kapiteln. Für eine Runde um die beinahe ringförmige Promenade mag das Fahrrad zu schnell sein; es sei denn, man stellt es immer wieder mal vor Märris »Pulverturm« oder an vergleichbaren Plätzen ab, um der vorn schon gelobten Muße zu pflegen, der gänzlich zweckfreien Faulenzer- und Hinguckerstunden, und dann weiterzuradeln durch die Meimelatur (= Regen, auch das ist Masematte); letztere ist hierorts leider nicht gar selten, obschon doch der Bischöfliche Stuhl eine Direttissima zu Petrus haben sollte, sozusagen eine Standleitung für ein Schwarzes Telefon. Man sieht, auch auf diesem schwierigen Gebiete hat die moderne Technik nichts zum Guten wenden können; es hat stets geregnet, es regnet noch immer, und durch den Regen werden die Bischofsstädter auch ins Jahr 2000 flanieren oder peseln.

Darin hatte das Mädchen aus München recht: Münster ist ein Paradies für Radfahrer, was nun freilich unpolitisch zu verstehen und kein Seitenhieb ist auf die hartnäckig anhaltende Beamten-, Bürokraten- und Verwaltungstradition der weiland Provinzialhauptstadt.

Früher mochte richtig sein, was gehässige Zungen leichtfertig behaupteten: daß ein waschechter Münsteraner mit dem Gebetbuch zur Welt komme. Heute ist – ohne Leichtfertigkeit, als Tatsachenbehauptung – zu konstatieren: Jeder Neubürger von Mimigernaford kriegt eine schwarzweiße Hol-

Museales: Der Mühlenhof am Aasee, gegründet von Theo Breider, gibt guten Einblick in das ländlich-bäuerliche Wirtschaften und Arbeiten früherer Zeiten

Vor der Stadt: Die romantische Werse, die bei Münster in die Ems mündet, ist ein klassisches Spaziergangsziel und ein beliebtes Ruder- und Paddelgewässer

Kathedrales: Der »dritte« Dom wurde Mitte des 13. Jahrhunderts geweiht; im Krieg wurde er – wie fast alle historischen Bauten – sehr schwer beschädigt

land-Fietse neben die Wiege gestellt; Luftaufpumpen, Reifenflicken, Knete-putzen (Knete heißt, natürlich, Fahrrad) lernt er lange vor dem Laufen. Fremde Reisende müssen übrigens auf das münstersche Fortbewegungsmittel nicht verzichten – es kann an mehereren Stellen in der Stadt gegen kulante Gebühr entliehen werden.
Was das Mädchen aus München beeindruckt hat, war vor allem eins. Wir radelten an einem Sommerabend eine Ehrenrunde durch die Stadt. »Pfüadigott«, sagte sie immer wieder, »pfüadigott, geht das schön!« Sie meinte die rotgeklinkerten, schmalen Strampelpfade, die wie ein wohldurchdachtes Spinnennetz überallhin führen und nirgends enden.
Pfüadigott – dabei hatte dieses liebe Münchner Kindl nicht mal einen Samstagmorgen erlebt. Einen richtigen münsterschen Fahrradsamstagmorgen: Beflissene Hausfrauen, in Maßen und sehr praktisch schickgemacht, treten aus allen Richtungen zum Domplatz, aus St. Mauritz oder Muffi (Herz-Jesu-Viertel), Kotenbeis (Kinderhaus) oder Coerde, um sich mit Marktfrischem einzudecken; Beamte zuhauf werden von ihnen überholt, Münsters pricke Mittelklasse; Nonnen sodann und Pfarrer, Professoren und Philister, Studenten (immerhin mehr als ein Zehntel der werten Einwohnerschaft), die sich den stressigen Verdrängungswettbewerb heutiger Uni-Wirklichkeit vom Leibe kurbeln, und Kinder und Gäste und mofaknatternde Jugendliche und viele, viele andere.
Münster – Stadt mit Air und Flair, heißt ein offizieller Slogan. Ja, warum denn wird er, in Dreiteufelsnamen, nicht ergänzt? Ergänzt zu diesem hier: Münster – Stadt mit Air und Flair und tausend Kneten?
Ich bin ins Quatern gekommen und habe noch kein einziges Wort über die Gute Stube erzählt, die ein Alltagsmünsteraner niemals Gute Stube nennen würde. Er sagt Prinzipus und meint den Prinzipalmarkt mit dem gotischen Rathaus und dem Friedenssaal; mit der Lambertikirche, die rostenden Doubletten der Wiedertäuferkäfige hoch am Turm inklusive, der Stadt- und Marktkirche, in deren höchsten Eingeweiden Eugen Roland Mehring nächtens hockt, Deutschlands letzter hauptberuflicher Türmer, städtischer Arbeiter und Privatphilosoph, und denen unten kupferhornig bläst, was die Stunde geschlagen hat; dieses aufragende Gotteshaus, von dessen Kanzel der »Löwe von Münster«, Kardinal Graf Galen, den Nazis vor vierzig Jahren entgegenschrie, was er von ihrer Mörderherrschaft hielt.
Der ehrenwerte Adelsmann liegt gleich um die Ecke begraben, in der besten Stube, wenn der Prinzipalmarkt die gute ist – im Paulus-Dom; die erste münstersche Kirche wuchs aus einer stark bewehrten fränkischen Keimzelle namens Mimigernaford an der Furt der Aa; der friesische Missionar Bischof Liudger, Galens erster Vorgänger, errichtete die mächtige Domburg. Er starb bald nach seiner Bischofsweihe – 809 –, wie ja auch Graf Galen seine Ernennung in den Kardinalsstand im Jahre 1946 nur knappe Wochen überlebte.
Gemächlich und gemütlicher per pedes, schneller per Rad erreicht der geneigte Gast die Vorzeige- und Renommierbauten, die um die Gute Stube gruppiert sind und nach den Katastrophen des Krieges mit schier unfaßlicher Dickköppigkeit – man kann sehr dickköppig sein in diesem alten Mimigernaford – fast originalgetreu wieder aufgerichtet wurden. Ich kenne münstersche Verwandte, die hatten noch gewaltigen Hunger, als sie schon wieder für die Herrichtung ihres

Gemächlich: Der Promenadenring um Münsters Altstadt ist ein beliebter Rad-, Flanier- und Spazierweg für Kinder und Greise, Bürger, Studenten und Gäste

alten Münster spendeten. Das war das »Kohldampfopfer« der Münsteraner.

Der Lohn des Hungers kann sich sehen lassen: Da ist die Überwasser- oder Liebfrauenkirche, einen Steinwurf weit vom Dom, mit merkwürdig stumpfen Turm heute, weil erst die Wiedertäufer den spitzen Helm kappten, um von oben besser in die Stadt schießen zu können, und dann ein Sturm im Jahre 1704 die neue Haube in die Aa blies.

Da sind, besonders in der Coerdestraße, sauber hergeputzte Straßenzüge der Gründerzeit, und ein Haus ist schöner als das andere, alle hintereinandergereiht wie angetreten zur Inspektion, und es ist einem beim Schauen, als blättere man in einem Geschichtsbuch des Bürgertums, Kapitel 19. Jahrhundert.

Da sind – einige für viele Bauwerke – Erbdrostenhof und Clemenskirche, Servatii – und Ägidii –, Petri-, Ludgeri- und Martini-, Observanten- und Apostelkirche. Da ist das Stadttheater, das schon in den fünfziger Jahren so etwas wie eine architektonische Sensation war, wobei ich es bis heute – jenseits denkmalpflegerischer Erwägungen – als überaus sinnig empfinde, wie die Ruinen des Rombergschen Hofes aus der Dachterrasse dieses immer noch respektablen Denkmals der Nachkriegszeit gucken.

Mir kommt vor, diese vom Krieg ramponierten, fast schon vorzeitlichen Brocken ragen wie ein Zeigefinger in die feuchte münstersche Luft, die pro Jahr statistische 720 Millimeter Niederschlag von sich gibt. Der Zeigefinger sagt nachdenklich: Paßt auf, ihr Bürger von Münster, es ist alles nicht arg doll, was da unten so verführerisch glitzert; auf Tort und Schnickschnack fallt ihr schneller herein, als ihr die Ludgeristraße rauf- und runterlaufen könnt.

Die Ludgeristraße ist übrigens, wie die Salzstraße, eine sehr einladende Bimmelbummelfußgängerzone; Fahrräder werden hier geschoben; Verrückte dürfen schon seit vielen Jahren ohne Strafe öffentliche Reden halten – die erste habe ich um 1968 gehört. »Ihr seid doch alle doof«, sagte damals ein Redner in die amüsierte Menge, und kein Putz tauchte auf, um gestrenge für Ordnung zu sorgen. Ein Putz ist in dieser Stadt ein Polizist.

Romberg, Baron Gisbert von Romberg, ehe ich's vergesse, war der literaturnotorische Tolle Bomberg. Dieser böse Bube des 19. Jahrhunderts zeigte seiner Zeit den Vogel, wenn es sein mußte sogar den blanken Allerwertesten, und eulenspiegelte sich mit spöttischem Gelächter durch Mimigernaford und Umgebung.

Manchmal weiß ich nicht so recht, ob sie es richtig kapiert haben, die Münsteraner: den langsam abblätternden, sandsteinernen Zeigefinger überm Stadttheater und seinen ehemaligen Besitzer Romberg – Bomberg, diesen Erzschelm von Buldern. Zu vielen nämlich dient er als wohlfeile Folklorefigur.

Dem Baumeln mit der Seele am Frühsommermorgen im schützenden rechten Winkel, den kleiner und großer Kiepenkerl bilden in dieser Stadt mit Air und Flair und tausend Kneten (die Kiepenkerle darf ich inzwischen wohl ohne Anführungsstriche schreiben) – dem lichtluftig-weiß-bläulichen Frühschoppen folgte ein Abend, der so begann: »WESTFÄLISCHE KÜCHE. Diese als kräftig und bodenständig bekannt«. Wir aßen Dicke Bohnen mit Speck. Das Gericht, serviert in einer der unzähligen Wirtschaften von Münster – man geht hier wirklich und wahrhaftig noch in »Wirtschaften«; der Akzent liegt immer noch auf Wirt – war aber wesentlich weniger trocken

als das obige Zitat aus Baedekers Führer von 1978. Dafür sorgten wieder Korn und Bier.
Alle aßen mit. Der Cloppenburger mit Gattin war dabei, der Augsburger mit Pariser Freundin, der Maler aus Köln, der Masematte-Münsteraner, der ganz natürlich zwischendrin und dann und wann zum Schontebeis in den Keller stieg, die Flüssigkeiten wegzubringen, genau wie wir alle, und wie auch ich. Ehrenwort, wir sind nicht bei Pinkus gewesen an jenem Abend, obgleich Pinkus' Haus im Kuhviertel prima Kellnerinnen hat, was ja mitunter mehr sein kann als eine uralte Stammhaus-Tradition.
Aber wir haben schwelgerisch von Töttchen erzählt und Pumpernickel, von Pfefferpotthast, Stielmus mit Speckpfannekuchen und Wurstebrot, haben uns der Sünde der Völlerei hingegeben, die im »schwarzen Münster« nur eine läßliche ist, haben getrunken, gelacht und uns sehr verlustiert. Auch das kann man hier noch. – Nach dem ausgedehnten Essen haben wir einen Zug durch die Gemeinde angetreten, vor mancherlei Tresen gehockt, uns Nachrichten aus der Provinz angehört, Geschichten aus der weiland Provinzialhauptstadt, Thekengeschwätz. Keiner sagte »Mönster bliff Mönster«, wie es auf offiziösen Werbeklebezetteln lockend heißt, schon gar nicht der geborene und gebliebene Münsteraner. Unsere Gesprächspartner in dieser Stadt mit dem Sonntagsgesicht hatten ganz und gar alltägliche Gesichter. An diesem Samstagabend waren sie nur entspannter, als sie es unter der Woche sein mögen, wenn ihre Besitzer in der »großen oder der »kleinen« Zeitung lesen müssen, daß auch die heile Welt von Münster irgendwann in den nicht so sehr tiefen Fluten des Aasees versunken ist.
Kein einziges Mal fiel das häßliche, touristische Wort Gastronomie, das in Münster gern mit dem schmückenden Beiwort »weltweit bekannt und unverwechselbar gemütlich« belegt wird. Und doch – es ergab sich, daß der Augsburger, seine Chantal aus Paris und ich noch in der Nacht nach Bayern zurückmußten –, und doch flötete dieses nette Mädchen gegen Morgen kurz vor Stuttgart ins Auto: »Es war lustik in Münster.« Ich freute mich wieder. Man kann nämlich sehr lustik sein in dieser Stadt an der Aa.
Wir hatten das auch gewollt; wir hatten fidel mit der Seele gebaumelt, wie damals Tucholsky, und uns so richtig ausgelüftet. Wetten, daß der Ober mit dem blauen Kittel im rechten Winkel zwischen kleinem und großem Kiepenkerl das nächstemal fragt, wie so oft schon: »Wieder mal in Münster?«
So gesehen bliff Mönster doch Mönster.

*

Informationen über Münster/Münsterland und Buchungen: Verkehrsverein Münster-Münsterland e. V., Telefon 0251/40495 und 40496, und Werbe- und Verkehrsamt der Stadt Münster, Telefon 492740, beide Berliner Platz (gegenüber dem Hauptbahnhof), 44 Münster

Literatur: Baedekers Münster; Bergenthal, Münster steckt voller Merkwürdigkeiten; Breider, Radwandern im Münsterland. Pättkesführer mit Pättkes-Wanderkarte*; Dürrich, Münster in Westfalen. Bilder einer Stadt; Kösters/Gruna, Münster in 100 Zeichnungen; Leben im Münsterland, Anthologie bei Coppenrath*; MERIAN-Heft »Münster und das Münsterland«*; Rensing/Müller, Münster; Schemann, Tippeltips, 4 Broschüren*; Schwarze, Westfalen*; Werland, Münster – so wie es war, 2 Bde.
Die mit Sternchen bezeichneten Titel sind über Münster hinaus auch für das Münsterland aufschlußreich, ebenso von Krewerth/Rensing »Burgen, die im Wasser träumen« und der »Grieben-Reiseführer Teutoburger Wald und Münsterland«
Besonderheiten: Aasee; Altstadt; Allwetter-Zoo; besonders urwüchsige Gaststätten; Mühlenhof-Freilichtmuseum; Pättkesfahrten (Auskunft Verkehrsverein); Promenade rund um die Altstadt; Türmer auf dem Lamberti-Turm (bläst allabendlich)

Friedlich: Bis an den Stadtrand von Münster kommen gelegentlich Schäfer mit ihren Herden – Häusermeer und Bauernland gehen allmählich ineinander über

Windiges: Im Münsterland ist der Wind zuhause, von dem die »Ballöner« profitieren – wie hier im Heißluftballon über einem Fachwerkkotten bei Kattenvenne

Gemütliches: Viele alte Wirtschaften – wie hier in Ladbergen – laden den müden Wanderer zur Rast; Geheimtip sind die hübschen Kaffeewirtschaften im Land

Im Nordosten unterwegs: Ostbevern, Schloß Loburg, Ladbergen, Tecklenburg, Haus Marck, Doppelschloß Harkotten, Kloster Vinnenberg, Sassenberg, Kloster Marienfeld, Warendorf, Ostenfelde, Schloß Vornholz, Westkirchen, Haus Dieck, Freckenhorst, Everswinkel, Alverskirchen, Haus Brückhausen

Eiffelturm, Liebeskirchen und das kleinste Haus im Land

Alles Emotionelle ist uns heutigen, sachbezogenen Menschen verdächtig, und die Schwärmer können uns alles versauern. Wir müssen uns selbst finden: durch Wandern. Der Fluß lehrt uns das Wandern. »Was ich nicht erlernte, habe ich mir erwandert«, sagte der weise Goethe ... Die Ems lockt uns zum Wandern. Emil Reimers

Für mich gibt es da nicht viel zu überlegen: »Wie die Bergketten des Teutoburger Waldes ... in der Norddeutschen Tiefebene verebben, ja urplötzlich versinken« (Rainer Klofat) – das ist, am Rande des Tecklenburger Ländchens, eine der überaus wohlschmeckenden Scheiben, die wir uns aus dem Kuchen mit Namen Münsterland schneiden können. Man rollt geruhsam näher aus der Heckenlandschaft, den Teuto zum Greifen nahe, die scheinbare Unüberwindlichkeit, mit der er sich als wulstige, sattgrüne Barriere vor den Norden legt – und mit einmal ist man oben, hat kaum etwas gespürt von der Unüberwindlichkeit, blickt zurück in die weite Ebene, die am südlichen Horizont in bläulichem Dunst zerfluddert, und sieht es staunend: »Wie die Bergketten des Teutoburger Waldes in der Norddeutschen Tiefebene verebben, ja urplötzlich versinken.«

Und wieder hinab. Bei Tecklenburg haben wir just noch Felsgestein gesehen – da üben die Flachlandtiroler des Deutschen Alpenvereins das Klettern und Kraxeln –, und schon sind wir wieder im glattgebügelten Sandland; nur bei Ostenfelde werden wir an diesem Tag noch Berge sehen, ach nein, Hügel nur, Hügelchen, wenn ich an Tecklenburg und Teuto denke.

Dazwischen kenn' ich in jedem Dorf einen Hund. Oder einen besonders hübschen Platz, ein Schloß, ein Kloster, eine Kirche, eine Anekdote, mal der sachten, mal der saftigen Art.

Über Ostbevern und Ladbergen sind wir in die Spielzeugschachtelstadt Tecklenburg gekommen. Nordöstlich von Ostbevern liegt Haus Loburg, das Mitte des 18. Jahrhunderts nach Plänen von Johann Conrad Schlaun errichtet wurde, das 1899 abbrannte und neu aufgebaut wurde – einer der letzten Schloßbauten weit und breit. Und in Ladbergen lockte uns – nach den Loburger Genüssen für das Auge – im Gasthaus »Zur Post« schmackhafte Labsal für den Leib.

In den Fachwerkgassen von Tecklenburg, zwischen bröckelndem Burggemäuer und der Legge, einst Beschauanstalt für Leinenerzeugnisse, heute mit dem verwunschenen Puppenmuseum der Sammlerin Ute Botsch darinnen, unter lauter Holländern, die sommers wie Heuschreckenschwärme in den Ort einfallen, weil sie endlich, endlich einmal Berge sehen sollen, richtige Berge – irgendwo dort hörte ich vor Jahren vom verbissenen Religionskrieg des Tecklenburger Landes. Graf Konrad von Tecklenburg war im ersten Viertel des 16. Jahrhunderts mit vielen seiner Untertanen zum lutherischen Bekenntnis übergetreten. Seitdem ist das Ländchen sowohl erzkatholisch wie erzprotestantisch, ein echter münsterländischer Sonderfall.

Mit deutlichen Folgen, bis weit in unser Jahrhundert. Hatten die evangelischen Lienener in Hagen zu tun, wurden sie mit Hohn und Spott empfangen: »Alle Lienener Pilepoggen (Frösche) / schieten in unseren Sommerroggen«. Mußten aber die katholischen Hagener nach Lienen, zahlten die »Achterbiärger« ihnen mit gleicher, nämlich anrüchiger Münze heim: »Hagener Ratten / reiten auf den Katzen, / reiten auf der Kuh / zum Teufel hinzu.«

Doch kommen wir nach Haus Marck, an das wasserumsäumte, verträumte Schloß zu Tecklenburgs Füßen, sind derlei konfessionelle Kabalen bald vergessen; hier kam 1831 der Pastor Friedrich Bodelschwingh zur Welt. Drinnen im Rittersaal tanzen bei den sommerlichen Schloßkonzerten die Töne der Herren Mozart und Mendelssohn, Händel und Bach, Telemann und Saint-Saëns an den reich geschmückten Wänden; draußen pflügen Karpfenrücken in friedlichem Geschwaderzug die teichlinsengrüne Gräfte.

Ist er wirklich noch Münsterland oder, von Norden beguckt, schon Münsterland – dieser Teuto-Tecklenburg-Beritt? Überlassen wir die ebenso müßige wie offenbar schwierige Interpretationsfrage den Touristik-Leuten. Doch dies hier, das nun kommt, ist unbestritten Münsterland: das Dreieck Füchtorf-Milte-Vinnenberg im Kreise Warendorf, tellerflach und abgelegen, mal moorig, mal sandig und stets ein Flecken, um mit den Füßen und der Seele spazierenzugehen; immer durch Hecken, Wälle, Wäldchen, Eichenkämpe in kleine Welten der friedlich-stillen Abgeschiedenheit geteilt.

Diese Stille empfindet man, besonders an frühen Sommermorgen, im Kloster Vinnenberg; draußen am ziegelroten Torbau hängt eine sandsteinerne Tafel mit der sorgsam eingemeißelten Inschrift: »KOMMET LASSET UNS ANBETEN«. In einer frommen Broschüre finde ich das Leitmotiv, nach dem die Benediktinerinnen vom Heiligsten Sakrament in diesem mehr als 700 Jahre alten Kloster an der Bever beten und arbeiten; es ist ein Vers aus dem Buch der Psalmen: »Dein Wort, o Herr, verehre mein Mund; ich freue mich ob Deiner Sätze ... Siebenmal am Tage singe ich Dein Lob ... Tiefen Frieden genießen, die Dein Gesetz lieben.«

So singen die Schwestern von Vinnenberg vor der nur 17 Zentimeter hohen »Muttergottes vom Himmelreich«. Das liebevoll geschmückte Gnadenbild hat mit der Legende um die Entstehungsgeschichte des Klosters zu tun; denn es wurde um 1250 aus dem Baum geschnitzt, auf dem einst die Mutter Maria und der Jünger Johannes beim Mondschein gerastet haben sollen, als sie das Gelände für diesen heiligen Ort auf einer Beverinsel ausgewählt und abgeschritten hatten. Die kleine Madonna ist eine Nachbildung. Das Original hatte Graf Galen, der Löwe von Münster, nach der Vertreibung der Vinnenberger Nonnen durch die Nazis auf seinen Schreibtisch im Bischofspalais genommen. Dort wurde das vielgepriesene Gnadenbild am 10. Oktober 1943 ein Opfer alliierter Bomber.

Heute, in friedlicheren Zeiten, lädt die Klosterschenke mit Mühlenteich und altem Mühlrad zur Rast am Beverflüßchen. Auch die Pfarrkirche Johannes der Täufer im nahen Milte verdient anschließend einen Abstecher, nicht nur, weil sie 1256 dem neugegründeten Kloster Vinnenberg geschenkt wurde. Überraschend in dieser Gegend ist schon der Treppengiebel auf dem alten romanischen Turm; noch mehr nimmt der lupenrein klassizistische Innenraum den Besucher gefangen.

Und dann Füchtorf mit Harkotten, dem überaus seltenen Fall eines Doppelschlosses draußen vor dem einst entlegenen Dorf am Moor. Wir werden heute noch nach Marienfeld fahren, an den äußersten östlichen Rand des Münsterlandes. Doch schon hier kommen wir mit dem alten Kloster in Berührung. Der Ritter Heinrich von Korff errichtete an der Bever eine Burg, als das 14. das 13. Jahrhundert ablöste. Er wurde älter und weiser und nahm in Marienfeld die Kutte eines gottbeflissenen Zisterziensers. Seinen beverumflossenen Besitz teilte er auf die beiden Söhne auf; sie hausten von nun an, Rücken zu Rücken, in zwei Burgen.

Vor mehr als 350 Jahren heiratete ein Sproß der Herren von Ketteler sich in diese innerfamiliäre Kuriosität ein, und seit jener Zeit spricht Füchtorf von Harkotten-Korff und Harkotten-Ketteler. – Da gucken nun Kühe dösig-ruhig über die verschilften Wassergräben hin. Wenn sie denken könnten, dächten sie, ich bin ganz sicher: Ach du lieber Himmel, was haben wir schon alles gesehen! Den streitbaren Bischof und Sozialreformer Wilhelm Emanuel von Ketteler zum Beispiel, der ging brevierbetend und manchmal zornig murmelnd über die niederländischen Zugbrücken hin; lange Zeiten zuvor schäferspielende Heimlichtuer hinter den Rabatten; viel später wiederum, nach 1945, die alten Leute, die im Kettelerschen Barockbau – Mitte 18. Jahrhundert; Baumeister war immerhin, darauf sind wir stolz, Johann Leonhard Mauritz Gröninger – ihren Lebensabend zubrachten; und nun also den berühmten Luigi Colani, der wohnt da seit Jahren und stellt merkwürdige Kunststoffautos in den Park. Man sagt, ein Designer soll er sein, Formgestalter oder so etwas, jedenfalls Künstler, und solche haben wir hier viele gesehen, Adolf von Vagedes etwa, der kurz nach 1800 in den rechten Winkel zu Harkotten-Ketteler breit hingelagert Haus Harkotten-Korff setzte, eine geräumige Landvilla, ein richtiges münsterländisches Herrenhaus: edel, doch zurückhaltend schlicht, klassizistisch ordentlich und, nun ja, ein wenig einem Schloß beim fernen Dessau nachempfunden.

Doch die Denkeleien der Kühe wieder beiseite, wir wollen weiter nach Marienfeld. Schon von ferne grüßt der hochragende Turm der Sassenberger Kirche Sankt Johannes Evangelist, vor 300 Jahren unter Bomben-Bernd erbaut, jenem Fürstbischof Christoph Bernhard von Galen, der nicht nur zu bomben verstand; denn er führte die Schulpflicht ein, als andere Potentaten ganz ausschließlich gänzlich andere Dinge im Kopfe hatten.

Wir fahren über eine Chaussee, die nach links und nach rechts in schier endlose Weidenvierecke zerteilt ist, meist längliche, selten quadratische. Viele tausend viergespaltene Eichenpflöcke, in sandig-moorigen Boden ge-

rammt, markieren Grenzen und Besitzrechte: schwarz gewordene, grünbemooste, drahtverbundene Kobolde, an denen sich der Blick ins flache Ferne immer wieder fängt.
In einem Buch aus den zwanziger Jahren, speckig und vergilbt (vorn im Vorsatz steht in steiler Schrift »Anton Hartmann, Warendorf, Münsterstraße 59, Telefon 338«; das war mein Großvater), lese ich unter der Überschrift »Zum Moor« einige Sätze die auf das Schicksal dieser gequälten, kultivierten, nun wieder eingewachsen-ansehnlichen Landschaft in den letzten 100 Jahren hindeuten: »Die alten, braunen, herben Kleider von Venn und Moor paßten doch auch nicht mehr in die neue Welt, das konnte selbst die blödeste Kuh sehen, die im nächsten Frühjahr auf der Vennwiese den grünen Klee rupfte ... Klagend zieht der Regenbrachvogel im Frühling alljährlich übers Venn gen Norden, und die Sumpf- und Wasservögel folgen ihm nach kurzer Rast im kleinen Rest (Ostvenn) ihres einstigen Reiches.«
Ferne Zeiten. So fern wie Levin Schücking, der Schriftsteller und Journalist, der der Dichterin Annette von Droste-Hülshoff in leidvoller Verbindung lange, lebenslang zugetan war. Er starb 1883 in Pyrmont. Aber Haus Schücking in Sassenberg steht noch heute, so wie Rüschhaus steht, das Domizil seiner geistigen Freundin nahe Münster. An beiden Häusern donnert zuweilen der laute Autoverkehr vorüber; aber beide sind ganz still, wenn man still zu stillen Zeiten kommt, und beide hat Johann Conrad Schlaun gebaut, der Meister der barocken Baukunst in Westfalen.
So also fahren wir. Kirche und Schükking-Haus in Sassenberg liegen am Schnittpunkt der Straßen Süd-Nord und West-Ost. Die Süd-Nord-Achse lief ich vor beiläufig 15 Jahren bei Nacht in umgekehrter Richtung, wenn ich meiner in Versmold beheimateten Freundin, die heute meine Frau ist, Avancen und Aufwartung gemacht und den letzten Bus nach Warendorf verpaßt hatte.
Am Weg nach Marienfeld liegt Greffen. Dort hatte ich einmal, auf einem der unzähligen Schützenfeste des Münsterlandes, die unwiederbringliche Gelegenheit, eine reich beerbte ältliche Jungfer aus begütert-bäuerlichem Stamm nächtens zu freien und sozusagen auf der Stelle zu ehelichen. Doch Schwamm drüber, und schließlich wurde ja nichts aus der Sache im Festzelt zu Greffen.
Schützenfeste waren auch die große Spezialität eines Mannes, der unter dem Namen »Baron Eiffelturm« Marienfeld und Umgebung unsicher machte. Dieser Riese von knapp zwei Meter Höhe hieß korrekt Gisbert Freiherr von Romberg, war in den Gemeindeakten als »Rentner« eingetragen, bestellte in der Wirtschaft grundsätzlich 15 Schnäpse auf einmal, ganz gleich, ob er Kumpanen dabei hatte oder nicht, handelte sich mit dem vielen Korn einen knallroten Säuferzinken ein und mußte sich deshalb von den Marienfelder Kindern dieses Spottlied gefallen lassen: »Was glänzet dort im Walde / Im hellen Sonnenschein? Das muß doch von dem Eiffelturm / Die rote Nase sein!«
Gisbert von Romberg war der drittälteste Sohn des Tollen Bomberg. Solcherart vorbelastet, tobte er wie ein Berserker auf den Festen der Marienfelder Schützen, denen er stets die Musik zahlte, und lag ewig und drei Tage mit der behördlichen Obrigkeit im Streit. 68mal, überliefert der münstersche Autor Walter Werland in seiner »Marienfelder Chronik«, mußte das Warendorfer Amtsgericht Eiffel-

Tecklenburg: Fachwerkgassen prägen das Gesicht der Stadt; auf den Seiten 24/25: das Barockschloß Haus Ketteler-Harkotten, erbaut 1754–1767

Verkündigung: Im Osten des Münsterlandes liegt die 1222 geweihte Zisterzienserkirche des Klosters Marienfeld, das im 19. Jahrhundert abgebrochen wurde

Steinbrüche: An mehreren Stellen im Münsterland (hier bei Lengerich) liegen Steinkuhlen; nächste Seiten: Reiter vor Haus Korff-Harkotten, erbaut 1805/1806

turms Einsprüche gegen Strafverfügungen ablehnen. »Als er einmal«, berichtet Werland, »die Fragen des Richters in Warendorf nicht beantwortet und schließlich nachdrücklich aufgefordert wird zu antworten, klemmt er sein Monokel ein und sagt: ›Ich denke gerade darüber nach, ob der Präsident des Negerstaates Liberia sich seine Hühneraugen schneidet oder ob er Pflaster auflegt.«

Gisbert Freiherr von Romberg lebte in jenen Jahren im Marienfelder »Schloß«. In Wahrheit war das freilich nichts weiter als ein Rest des 1185 gegründeten, überaus reichen Zisterzienserklosters, in das einst auch der Ritter Heinrich von Korff eingetreten war. Viel steht nicht mehr vom Kloster, aber die Kirche der Mönche, die um 1200 mit dem Bau begannen, ist erhalten geblieben, ein einzigartiges Zeugnis der Hallenbaukunst in Westfalen, das zum Vorbild für viele Kirchen bis hin nach Schweden wurde.

Die Ems ist dann unser Begleiter auf dem Weg nach Warendorf, der fast 800 Jahre alten Schönen an einer Furt des Flusses. Wenn wir ein wenig träumen wollen in dieser immer noch heimeligen Hansestadt, machen wir uns zu einem Rundgang durch die Promenade auf, am Franziskanerkloster vorüber, wandern durch die Klosterstraße, über die Oststraße und die Brünebrede zum Markt und fühlen uns ganz plötzlich, nur wollen müssen wir, in längst vergangene Zeiten versetzt vor diesen wunderschön bemalten alten Häusern – vor Hirsch- und Löwenapotheke zum Beispiel, deren Wappentiere Witzbolde vor wenigen Jahren nächtens vertauschten: Am Morgen ruhte der goldene Löwe auf des Hirschen Sockel, und der Hirsch hatte des Löwen Postament eingenommen.

Der Schweinemarkt – mit einem der kuriosesten Fachwerkhäuser des Münsterlandes –, Heumarkt und Krickmarkt, Rüenschlüppe und Zuckertimpen, Quabbe und Petersiliengasse sind nur einige der alten Straßen und Plätze, die in der »Stadt des Pferdes« zum Verweilen laden. Und Pferde können wir tatsächlich sehr schöne sehen, weit über 100, königlich-preußisch-vornehm untergebracht im alten Landgestüt nicht weit vom großzügigen Emssee am Rande der Altstadt. Im Sommer freilich sind die meisten auf den Deckstationen draußen im Land.

Ein Schlenker nach Süden führt uns durch die Welt der sanften Hügel bei Ostenfelde zum eichenumsäumten Schloß Vornholz. Hier dreht sich wieder vieles um die Pferde, die im Züchterland Westfalen in hohem Ansehen stehen. So haben sie in Vornholz denn auch holländisch gekachelte Stallwände, und im Schloß selber spielen sie historisch – im kleinen Kavalleriemuseum – ebenfalls eine ganz besondere Rolle.

Auf dem Weg nach Freckenhorst werfen wir noch einen Blick über die Brücke auf Haus Dieck. Es liegt am Ortsrand von Westkirchen; wie es heißt, danken wir es dem großen Barockbaumeister Johann Conrad Schlaun.

Und dann in Freckenhorst, Stiftsstadt, der »Bauerndom des Münsterlandes«, ein mächtiger Bau aus Westfalens früher Romanik, mit dem steinernen Taufbecken aus dem 12. Jahrhundert, eingemeißelt Himmelfahrt und Weltgericht, Kreuzigung Christi und Vorhölle – ein eindringliches Dokument um Heil und Verderben für den Menschen.

Im »Stiftshof« gleich um die Ecke, halten die Freckenhorster es freilich, bei aller Gottesfurcht, sicherheitshalber schon mal mit dem irdischen Heil. Oft und oft war ich mit meinem

Heimeliges: Warendorf, vor fast 800 Jahren Stadt geworden, einst zur Hanse gehörig, gilt als schönste Kleinstadt im Münsterland; im Bild: die Klosterstraße

Freund Ludger am Tresen dieser freundlichen Kneipe zu Gast, und mochte das auch die Vorhölle sein im Verständnis puritanischer Kneipengegner – das Platt, das dort gesprochen wurde, die Bierchen und Körnchen, die uns beflügelten, die Freckenhorster Pilepoggen-Mädchen in ihren strammen Miedern, das alles war immer, an jedem Abend und jedem Frühschoppenmorgen, eine urgemütliche Vorhölle mit durchaus angenehmen Teufelchen.

In Everswinkel, der nächsten Station unserer Fahrt, war ich für Vorhöllen der just geschilderten Art noch zu klein, wenn ich nach dem Krieg bei Verwandten die Ferien verbrachte. Doch dafür beeindruckte mich am Kirchplatz stets das kleinste Haus im Münsterland, eingezwängt in viel größere Häuser, schmalbrüstig, spitzgiebelig, aus schwarzweißem Fachwerk, geschmückt mit einer Tafel zum Gedächtnis des Bekennerbischofs Johann Bernhard Brinkmann, der in dieser Arme-Leute-Hütte aufwuchs. Mein Großvater väterlicherseits erzählte mir in jeden Ferien von neuem: »Wenn die Mutter des Bischofs – es waren viele Kinder da – in einer riesigen Pfanne Pfannkuchen buk, mußte sie allemal die Haustüre öffnen, damit der Pfannenstiel Platz hatte.«

Dann Alverskirchen noch, ehe es über Wolbeck nach Münster geht, die kleine Agatha-Kirche mit ihrem romanischen Turm, und vor allem der Hauch von Spätrenaissance an Haus Brückhausen südlich vom Dorf, wo einst ein Vorfahr als Knecht und Kutscher diente, ehe er sich mit Selbsterspartem zum Bauern machte. »Liebeskirchen« nannte die Großmutter mütterlicherseits ihr Dorf, das für sie nur »use Düorpken« war.

Ein wenig von dieser Liebe zu Liebeskirchen überkommt mich stets, wenn ich schnurgeradeaus die Allee, die Chaussee gen Wolbeck fahre. Hier ratterten noch vor vierzig, fünfzig Jahren über holprigem Grund die Pferdefuhrwerke, mit denen die Brüder der Großmutter bei Wind und Wetter, Sommer wie Winter große Ladungen Kohle holten; sie war bei Nacht im Hafen von Münster gelöscht worden für den Kohlenhandel der Familie in Alverskirchen, und manchesmal stürzte ein Pferd auf eisigem Boden, brach die Beine, und der Gewinn der Mühsal war wieder einmal in den Kamin zu schreiben.

Ferne Zeiten. Doch noch sind sie nicht vergessen: die Pilepoggen von Lienen und die von Freckenhorst; die »blödeste Kuh«, die im Venn bei Füchtorf Klee rupfte; Baron Eiffelturm; der Bekennerbischof aus dem kleinsten Haus im Münsterland sodann; die Leute von Liebeskirchen schließlich und alle anderen Figuren, die dieses Land geprägt haben.

Use Düörpken war und ist immer noch überall ein wenig, finde ich.

*

Informationen und Buchungen im Nordosten: Verkehrsverein Stadt Tecklenburg, Telefon 05482/494, Am Markt 10, 4542 Tecklenburg; Fremdenverkehrsverband Tecklenburger Land, Telefon 05482/300, Meesenhof 5 (Kreisheimathaus), 4542 Tecklenburg; Verkehrsamt Warendorf, Telefon 02581/2625 und 54262, Markt, 4410 Warendorf; Verkehrsamt Telgte, Telefon 02504/13327, Kardinal-von-Galen-Platz 9, 4404 Telgte

Literatur: siehe 1. Kapitel Münster, Informationsanhang; weitere Titel: MERIAN-Heft »Tecklenburger Land«; Kaup/Krewerth: »Warendorf · Alte Stadt – neue Stadt«, Selbstverlag Kaup, Warendorf

Besonderheiten: Hengstparaden in Warendorf (letzter September-, erster Oktobersonntag) und Nordrhein-Westfälisches Landgestüt; ebenfalls in Warendorf, am ersten Samstag nach Mariä Himmelfahrt, Aufbau von Triumphbögen und Illumination der gesamten Altstadt; Freilichtbühne Tecklenburg; Puppenmuseum Tecklenburg in der Legge; Heimathaus Münsterland in Telgte; ebenfalls in Telgte große Marienwallfahrten

Perspektiven: Die Freckenhorster Stiftskirche, 900 Jahre alt, der »Bauerndom des Münsterlandes«, einer der besten Bauten der Frühromanik weit und breit

Nützlich-Schönes: Die Drachenköpfe – hier einer in Warendorf – dienten als Aufzugsbalken, an denen die Ackerbürger ihre Vorräte auf die Dachböden zogen

Nach Südosten: Albersloh, Sendenhorst, Tönnishäuschen, Haus Vorhelm, Ennigerloh, Oelde, Stromberg, Sünninghausen, Beckum (Abstecher zu den Schlössern Rheda, Crassenstein, Oberhagen, Hovestadt, Assen), Ahlen, Heessen, Schloß Heessen, Drensteinfurt, Haus Venne, Rinkerode, Haus Bisping, Haus Borg, Haus Göttendorf, Hiltrup, Münster

Von Bergvölkern, Pflaumenpfannkuchen und einem windigen Kupferschmied

Ahlener Wallfahrt
Siëben Jaohr nao Telgte und no kienen Mann; dann geiht et äs up Strombiärg an

Sprichwort (nach Wilhelm Fangmeyer)

Soll ich wieder, wie als Kind,
Weidenflöten schneiden,
Da die Ruten saftig sind,
Kätzchen weiß und seiden?

Augustin Wibbelt

Die Stromberger haben es gut; hocken da oben in allerbester Aussichtslage auf dem Burgberg, Nachfahren der ruppigen Raubritter, wie man ihnen gern und gehässig nachsagt, und gucken zufrieden auf die blau schimmernden Höhenzüge von Teutoburger Wald, Haarstrang und Sauerland. Das weite Land liegt ihnen zu Füßen; vorn die Pflaumenbaumplantagen am Südhang; dann Wadersloh mit den drei ragenden Türmen der Margaretenkirche, und kreuz und quer, überall davor, daneben, dahinter grauschwärzlich schimmernde, schmale Straßen und hellere Wege, die die Ebene wie Fäden in einem Spinnennetz in unzählige, überschaubare Felder, Weiden, Wäldchen gliedern. Dazwischen lange Pappelreihen, eine Wallhecke auch mal, alles hübsch geometrisch geordnet und am Feierabend ein friedliches Bild zu beschaulichem Genusse.
Ja, die Leute haben's gut da oben auf ihrern 154 Metern. Schon vorstellbar, daß die Dorfältesten beim Dämmerschoppen einverständlich nicken, wenn ihre Gäste ihnen mit Freundlichkeiten wie etwa »Stromberger Schweiz« oder »Stromberchtesgaden« schmeicheln.
Die Beckumer, in 80 bis 165 Meter Höhe wohnhaft, stehen sich auch nicht schlecht; auch dieses Bergvölkchen ist – wie die Stromberger, die Billerbecker (218 Meter), die Havixbecker

(immerhin noch 182 Meter) oder die Tecklenburger (stolze 235 Meter) – im Münsterland mit einer geologischen Sonderstellung gesegnet, und von der Soest-Warte auf dem Höxberg können die Beckumer ähnlich weit und ähnlich gut gucken wie ihre Stromberger Nachbarn.

Aber die armen Oelder, die liegen – mit ihren lumpigen 100 Meter, nur 42 davon haben sie mehr als Münster – im waldigen Schatten der Beckumer Berge, so daß sie weder (weit) sehen noch (von weitem) gesehen werden.

Doch genug des Zahlenspiels und der Höhenstapelei. Nur fühle ich mich immer ein wenig veräppelt, wenn hergelaufene Ignoranten das Münsterland ein plattes Pfannekuchenland nennen, bloß weil sie die Teuto-Hänge nicht kennen, die Baumberge oder die Höhenzüge um Beckum, Oelde und Stromberg, den Höxberg oder den Mackenberg; da möchte ich mal einiges richtiggestellt haben. Denn in diesem Laubwaldwinkel bei Oelde habe ich einen Teil meiner Jugend verbracht, Stichlinge gefangen aus mancherlei Bächen und Maikäfer geschüttelt aus Buchen und Eichen; habe erstklassige Pflaumenpfannkuchen verdrückt, die waren gebacken mit den Pflaumen von Stromberg (und insofern war's doch ein Pfannkuchenland); habe ungern in Oelde gelebt, bin aber gern nach Stromberg gelaufen, selten als Pilger, häufig auf Kriegspfaden – mit dem Pfeil, dem Bogen durch Gebirg und Tal –, um von dort oben, wo die Raubritter-Nachfahren hocken, klopfenden Herzens aufs Sauerland zu lugen, das mir damals ferner schien als heute der Himalaja.

Die Zeiten haben sich geändert; kann schon sein, daß nun – 25 Jahre später – keine Indianer mehr in Kriegsbemalung durch Buchenwälder nach Stromberg schleichen. Doch von den steinernen 154 Burgberg-Metern haben Regen und Wind noch keinen Zentimeter abgewaschen und fortgeweht, des bin ich gewiß. Drum lohnt sich eine Fahrt dorthin auch heute noch.

Durch Albersloh und Sendenhorst geht es von Münster aus, ein Stück parallel zur Angel, die bei Neubeckum entspringt und bei Angelmodde in die Werse mündet, welche wiederum bei Münster in die Ems mündet, die bekanntlich oben im Norden in die Nordsee mündet – doch das sind Abschweifungen –, über Albersloh und Sendenhorst also in die Gegend von Enniger, Ennigerloh und Vorhelm. Hier, wie überall im Münsterland, wie überall in unseren kleinen und großen Welten, macht es einiges Vergnügen, zickzackig, »ganz nach Lust und Laune«, wie Theodor Fontane sagte, von den Hauptstraßen abzubiegen und – zum Exempel – nach Vorhelm zu fahren, zum Haus Vorhelm vornehmlich; einem der vielen schlichten Herrenhäuser in diesem Landstrich, die selbstgenügsam im Wasser liegen, sehr, sehr selbstgewiß und selbstverständlich, und gräftengeschützt so tun, als gäbe es keine Zeit und keinen Verfall.

In Vorhelm, auf dem Wibbelt-Hof, kam 1862 der Dichter und Priester Augustin Wibbelt zur Welt; hier starb er 1947, hier ist er begraben in der Kapelle, die sein Bruder ihm auf dem elterlichen Hof errichtet hatte.

Bei Ennigerloh lebt ein Freund, der Maler Albert Stuwe, dessen grafische Blätter haben diese strenge Landschaft mit ihren wuscheligen Kopfweidenschädeln über dem steinigen Grund in tausend kargen Strichen eingefangen. In einem von Alberts Gedichten heißt es: »Das lautlose Lied der Sonne schwingt / In dem Astwerk der Pappeln weiter / Und streift die hellen Mädchengesichter auf der Straße. /

Ein Hund bellt verlassen hinter der Steinkuhle.« In einem anderen lese ich: »Und neben mir, wenn ich malte, hielten die Kopfweiden Wacht.« Ich lese auch dies: »Denn der Tag stieg köstlich auf hinter den Heckenrosen, stieg auf aus glitzerndem Tau, an dem Steinbruch. Und der Tag kam wie frohes Leben aus der aufgehenden Sonne ... Vereinzelt quakte ein Frosch. Eidechsen huschten über nackte Kalksteine.«

Albert, der mächtige Rotbärtige, hat auf diesen steinigen Äckern um Ennigerloh Wurzeln geschlagen. Die Kopfweiden, diese Arme-Leute-Bäume, wieder und wieder beschnitten von den alten Korbflechtern, bewachen ihn beim Malen; Heckenrosen wuchern leichtrosa über die Wunden, die die Zementindustrie der Erde schlug; Akkerwinde oder Fingerhut zählten ihm schon immer mehr als der Zementstaub, der sich früher kalkig-weißlich über die Landschaft legte.

So läßt sich das alles in dieser Industrielandschaft am Rande des Münsterlandes auch sehen, auch die Steinkuhlen, wie Albert – als Kind der Gegend – die Kalksteinbrüche nennt, viele Meter tief, oft wassergefüllt, und diese Tiefe tut sich auf mit grauen, grünlichen, weißen, braunen Schichten an senkrechten Wänden, und aus vielen von Alberts Bildern lese ich diese Streifen und Strukturen wieder heraus: Spuren einer unendlich alten, strengen horizontalen Ordnung, wo der Fortschrittsfraß nur die flinke Vertikale in die Tiefe wollte.

Vielleicht werde ich von diesem Maler der »Träume im Labyrinth« (Paul Schallück) seine kalkige, steinige, karstige Ennigerloher Heimat noch lieben lernen. Eins habe ich ihm ganz gewiß zu danken: das Hingucken nämlich, das Anträumen gegen die Zwänge angeblich unabänderlicher Tatsachen, die Liebe zu Kleinigkeiten-Nebensächlichkeiten wie Ackerwinde und Marguerite, Kopfweide und Fingerhut.

Ach ja, und einige sehr liebenswerte Reliefarbeiten seiner Frau, die er stets »Edithe-Petite« nannte, als wir uns noch häufiger sahen.

Oelde ist unser nächstes Ziel, die Stadt, in der der Wind erfunden wurde; darauf kommen wir noch. Hier ist schon im letzten Jahrhundert viel Industrie heimisch geworden, doch die Stadt läßt sich kaum etwas anmerken. Grün und gepflegt liegt sie in blühenden Gärten, die bis in die Innenstadt reichen; an den Stammtischen der weit mehr als 100 Kneipen wird kaum je darüber geredet, daß am Stadtrand wohl jede zweite Melkmaschine produziert wird, die irgendwo auf den Kontinenten in den Kuhställen summt.

Eher schon machen deftige Scherze die Runde wie der vom windigen Kupferschmied. Dieser fahrlässige Bursche ziert einen bunten Notgeldschein der Stadt aus dem Jahre 1921; seine Untat wird dort so besungen: »Der Kupferschmied, den man hier schaut, / der pupte eines Abends laut; / Der Schutzmann nahm ihn voll Empörung / in Strafe wegen Ruhestörung. / Da legt der Schmied Berufung ein: / solch Tun könnt kein Verbrechen sein. / Auch hätte er auf leerer Straßen / nur Oelder Winde fahren lassen.«

Diese Winde von Oelde, harmlose Umschreibung für eine gewisse Großmäuligkeit, bliesen und blasen sehr kräftig aus einer dort gegründeten »Weltzentrale für hinterlistige Angelegenheiten« mit dem Vereinsnamen »Le-mi-A«, der kurz, aber anschaulich an Götz von Berlichingen erinnert; daß man sich mit der »Darmgasvertonung in Recht und Brauchtum« beschäftigt, verwundert da ebensowenig wie der Name »Götzklause« für eine Kneipe an der Johannes-Kirche.

Welche Rolle, neben dem Wind, diese Kneipen spielen, davon berichtet anschaulich eine Geschichte aus meiner sehr weitläufigen Verwandtschaft. Irgendein längst verblichener Uronkel, selber Gastronom von Beruf, tastete sich häufig spätabends – nach ausgedehnten Zügen durch die Gemeinde – Richtung Osten heimwärts. Jedesmal wenn eine Gasse kam, fehlten ihm Halt und Stütze, und so brüllte er denn in die Nacht: »Häuser her, Häuser her!«

Aber da war auch der andere, der sofort nach dem Krieg auf seine Weise gegen das arrogante Besatzergehabe der Amerikaner protestierte. Im Braunhemd der Hitlerjugend, das er zuvor nie getragen, marschierte er am Sonntagmorgen unter den verschreckten Blicken seiner Mitbürger, beflissene und gar fromme Mitläufer eines gewissen Herrn Hitler zuhauf darunter, in die Messe zu seiner alten Pfarrkirche St. Johannes ...

Oelder Geschichten – wenden wir uns der Oelder Geschichte zu. Aus jüngerer Zeit ist eine bemerkenswerte Tat des ersten Präsidenten Theodor Heuß zu nennen. Er hielt im Geisterholz alljährlich Diplomatenjagden ab (auf denen er selber nie zur Büchse griff) und schenkte der Stadt anläßlich eines Besuches einen kapitalen Damhirsch. Unter dem Ehrennamen Theo wurde der prächtige präsidiale Vererber zum Stammvater unzähliger Tiere. Sie gehören zu den Attraktionen im weitläufigen Stadtpark, der im Münsterland seinesgleichen sucht – ein Fleckchen Erde so richtig zum Flanieren.

Im Geisterholz finden wir Haus Geist, das Herrenhaus im Wasser; mehr östlich der Stadt liegt Haus Möhler, beide einen kleinen Abstecher ins Kirchenspiel wert. Und schließlich kam in dem schon lange vor der Jahrtausendwende genannten Ort der Barockbaumeister Ambrosius von Oelde zur Welt. Er starb 1705 und hinterließ so bedeutende Werke wie etwa das Dreiflügelschloß in Ahaus.

Von Oelde nach Stromberg geht's, nicht auf dem Kriegspfad, sondern mit dem Auto heute oder aber, noch besser, in friedlichen Absichten zu Fuß. So hielt es stets mein kurzbeiniger alter Griechischlehrer – jeden Tag, da konnte es Backsteine regnen, wahrscheinlich, um die bessere Übersicht zu haben. Er trug den Spitznamen Stöbber und stöberte für sein menschenfreundliches Leben gern auf den fünf Kilometern zwischen Oelde und Stromberg umher. Ganz gewiß wußte er auch, wo sich Strontianit fand, SrCO3 – ein Mineral, grün, gelb, grau oder weiß gefärbt, das hier einst abgebaut und in der Zuckerindustrie zum Bleichen benutzt wurde.

Auf dem Burgberg von Stromberg, der alten Titularstadt, bilden die Wallfahrtskirche zum Heiligen Kreuz, der Paulusturm, Reste der dicken Burgmauer und das Mallinkrodthaus, Westfalens ältestes Burgmannshaus, wie es heißt, eindrucksvolle Kulissen für die sommerlichen Aufführungen der heimischen Laienspieler. In lauen Nächten mag dann wohl eine Erinnerung aufkommen an die Burggrafen, die auf dem uralten Bollwerk der Bischöfe von Münster saßen, aber sicherlich ganz anderes im Sinne hatten als den Genuß des herrlichen Fernblicks.

Dieses Stromberg mit einer der wenigen Höhenburgen des Münsterlandes lädt besonders ein, sich über ein Wochenende verwöhnen zu lassen (siehe Informationsteil); die Leute dort haben sich dazu einiges einfallen lassen – Lautes, Lustiges, auch Stilles und allerlei Annehmlichkeiten für vielerlei Geschmack. Solch ein Wochenende oder ein Kurzurlaub könnten vorzüglich dem Besuch eines knappen Dut-

Trutziges: Der Turm von St. Johannes dem Täufer in Oelde, 1864 aufgerichtet; vorige Seiten: ein Blick vom Burgberg in »Stromberchtesgaden« in die Ebene

zends Wasserschlösser und Herrensitze dienen, die in Münster gar zu gern und sehr zu unrecht vergessen werden oder vielen ganz einfach zu weit vom Schuß liegen. Auch wer Wiedenbrück, das fachwerkgeschmückte »westfälische Rothenburg«, die ehemalige Kreisstadt Beckum oder die Zechenstadt Ahlen kennenlernen möchte, hat in Stromberg einen guten Ausgangspunkt gewählt.

Schloß Rheda mit Erinnerungen an Widukind – er war 1185 Gründer von Kloster Marienfeld, später Gefolgsmann von Barbarossa auf dem Kreuzzug ins Heilige Land –, Haus Aussel und Haus Bosfeld finden sich dicht beieinander. Crassenstein, Overhagen, Hovestadt, Heessen und Assen bilden ein ansehnliches Quintett, wenn der geneigte Leser sich nicht entschließt, auch Schloß Schwarzenraben noch aufzusuchen, unweit Lippstadt gelegen, und solcherart einen Bogen zu schlagen zu einem anderen Besitz derer von Ketteler, der im vorigen Kapitel eine Rolle spielte: Harkotten-Ketteler bei Füchtorf im Kreise Warendorf. Schwarzenraben, das »Musterbeispiel eines kleinen Wasserschlosses des 18. Jahrhunderts«, nennt der unverzichtbare Dehio-Führer diese Anlage mit ihren heiteren Reizen.

Nun wäre es, nach den Exkursionen von Stromberchtesgaden aus, bald an der Zeit, den vielkolportierten Beckumer Anschlägen Genüge zu tun, nachdem zuvor schon so ausführlich von den Oelder Winden die Rede war. Beckum, sollte man dazu wissen, ist das Schilda des Münsterlandes. Eines Tages begab es sich – soll dieser eine »Beckumer« für ungezählte stehen –, daß die Bürger der Stadt eine Mühle bauten. Hoch auf einem Berg, in einer der Stuwe'schen Steinkuhlen, meißelten sie einen Mühlstein, den sie mit viel Mühe und Schweiß zu Tale trugen. Als sie mit ihrer Last endlich unten waren, ging ihnen auf, daß sie sich sehr wohl physikalische Gesetze hätten zunutze machen können – den Mühlstein nämlich hügelab zu rollen. Da befanden sie, es sei nur recht, den Fehler wieder gutzumachen. Sie trugen ächzend ihren tonnenschweren Stein hügelan, um die Scharte auszuwetzen; denn keiner außer ihnen hatte die Blamage gesehen. Doch schon tauchten neue Sorgen auf; wohin denn, wollte einer wissen, wird nun unser aller Besitz ohne jede Aufsicht rollen? Ganz einfach, meinte der neunmalkluge Bürgermeister: Wir stecken einen von uns ins Mühlsteinloch in der Mitte. Keine Frage, daß sich ein Tropf für diese Mission fand. Klar auch, daß der Arme Pech hatte. Elend ersoff er, der die Tonnenlast als Halskrause trug, in einem Teich am Fuß des Hügels.

Die Beckumer freilich ließen allenthalben in ihrem Beritt nach dem Mühlsteindieb fahnden, fanden ihn nicht und erzählen sich noch heute über diese Affäre: »Der arme Teufel lag im Teich und war tot. Er hätte wohl gar gern den bösen Halskragen wieder hergegeben, aber der hatte ihn so tief heruntergezogen, daß er, nachdem er genug Wasser getrunken, ja mehr als gut war, zu Tode starb und noch heutigentages tot ist, wenn er wirklich ertrunken ist.«

Doch laßt sie nur weitersuchen, die lieben Bürger von Schilda im Münsterland; sollen die Oelder ihre Winde weiter um Höxberg und Mackenberg und überhaupt die Beckumer Höhen wehen lassen; ich werd' mich hüten, mich in den alten Streit einzumischen: Wer gewinnt, Zement oder Wind? Oder, märchenhaft anders: Spieglein, Spieglein an der Wand, wer ist die Schönste, Größte, Reichste im ganzen Land?

Geheimnisvolles: Im Geisterholz bei Oelde liegt Haus Geist; von der einst bedeutsamen Anlage der Weserrenaissance blieb wenig; Bild: Neubau 1750–1755

Ich weiß jedoch, die Fahrt zurück nach Münster, in die Hauptstadt der feindlichen Brüder, das Zentrum dieser manchmal verqueren, meistens zum Verlustieren geeigneten kuriosen Köstlichkeiten ist in aller Regel das reine Vergnügen. Denn da liegt soviel an unserer Route, soviel auch seitab vom Wege – versteckt, aber anziehend, verborgen und bescheiden, doch malerisch-liebenswert –, daß zum Exempel die Gegend um Drensteinfurt fast wieder eine eigene kleine Reise wert wäre.

In Drensteinfurt beginnt das schon mit dem Schloß mitten in der Stadt, das der Schlaun-Lehrer Lambert Friedrich von Corfey gebaut hat. Leider ist es freilich so, daß manche manchmal manches nicht kapieren. Also in Drensteinfurt war es, vor ein paar Jahren, als ich mit guten Freunden, aber auch anderen Zeitgenossen durchs Münsterland radelte. Einer, gebürtiger Oberbayer – ein barocker Typ, wie er sich hochfahrend einsortierte – motzte immerfort großmäulig herum; ich weiß es noch genau. Er war ein Zweizentnermann, deshalb vor allem hielt er sich wohl für barock. Unser krachlederner Gaudiheini nun befand, es sei doch merkwürdig in diesem preußischen Landstrich, daß alle Kneipen am hellichten Mittag (aber es war schon zwei Uhr); daß alle Wirtschaften geschlossen seien, wenn er – wenn er! – aus dem fernen Alpenland angeradelt komme, um seinen Hunger zu stillen.

Da habe ich ihm gesagt, sinngemäß über die Schulter vom Fahrrad weg: »Mein werter Herr, verehrtes Südlicht! Außer ihnen kenne ich keinen Bayern, der bei uns so moppelig auftritt. Und es ist hierorts Usus, zunächst zu arbeiten und dann erst zu feiern und zu vespern. So sind wir Nordlichter nun mal.«

Es bedarf keiner Rede, daß ich diesem Herrn verschwiegene Plätze wie Haus Venne, Haus Bisping, Haus Borg, Haus Göttendorf nicht mehr gezeigt habe, auch Rinkerode nicht und Hiltrup, ehe wir in Münster Anker warfen.

Ich habe auch vermieden, ihm von der »wohlschmeckenden Stunde« der Bauern und Handwerker zu erzählen, die in den Nachbarschaftswirtschaften der Dörfler, Bauern, Kleinstädter, ja selbst vieler Münsteraner dem Mittagsmahl vorangeht.

Solch wichtige Dinge werden wir Münsterländer nur guten Freunden sagen, aber keinen Töffeln und möchtegernbarocken Südlichtern.

Wind machen uns unsere lieben Oelder nämlich schon genug.

Informationen und Buchungen im Südosten: Presse- und Kulturamt der Stadt Beckum, Telefon 02521/291, Rathaus, 4720 Beckum; Stadtverwaltung Drensteinfurt, Telefon 02508/8281–8285, Postfach 1260, 4406 Drensteinfurt 1; Stadtverwaltung Oelde (auch für Stromberg), Telefon 02522/3171, Postfach, 4740 Oelde

Literatur: siehe 1. Kapitel Münster; spezieller Titel: »Beckumer Anschläge – Eine Sammlung von wunderweltsamen und unerhörten Geschichten und Taten eines seit Adam und Eva bekannten und berühmten Volkes«

Besonderheiten: Ballonfahren in Ennigerloh, Telefon 02524/2125; Freilichtbühne Stromberg; Stadtpark Oelde

Neun Jahre Bauzeit: Laurenz von Brachum schuf im 16. Jahrhundert Schloß Hovestadt und schmückte in unerreichter Weise die Wände mit Ziegelmustern

Gartenkunst: Adlige und Großbauern des Münsterlandes setzten schon früh – oft mit Hilfe begabter Bildhauer – in ihren großen Gärten künstlerische Akzente

Vogelperspektive: Haus Assen bei Lippborg, erbaut 1564 von Laurenz von Brachum, genau wie Hovestadt (Seite 47), und ebenfalls sehr reich geschmückt

Lippeschloß: Overhagen entstand zwar erst um 1620, aber das Dekor seiner Außenwände erinnert sehr stark an Assen (Seite 49) und Hovestadt (Seite 47)

Nach Süden: Amelsbüren, Davert, Davensberg, Haus Romberg, Haus Steinhorst, Haus Itlingen, Ascheberg, Herbern, Schloß Westerwinkel, Cappenberg, Haus Sandfort, Schloß Nordkirchen, Lüdinghausen, Burg Vischering, Haus Kakesbeck, Senden, Haus Senden

Wenn Schenkewald aus der Hölle kommt

Als wir kurz darauf vor einer Wasserburg schwebten, dachte ich an die Spiele meiner Jungs mit ihrer Ritterburg. In welche Richtung auch der Wind einen Ballon von Münster aus treibt, es wird immer eine Wasserburgenfahrt. Aus der Luft wirken die schweren Bauwerke wie Inseln in den Gräften, wie steingewordene Seerosen auf dem schwarzen Wasser.

Wilhelm Damwerth

Zunächst wollte er Dorfgeistlicher werden, mein alter Freund und Kupferstecher Friederich. Er meinte, es müsse doch etwas Schönes sein, den Menschen Trost und Hilfe zu schenken. Als das Studium uns völlig verschiedene Wege gehen ließ, verloren wir uns aus den Augen. Nach längerer Zeit sah ich ihn wieder, den Friederich. Doch er kam nicht im schwarzen Rock daher, sondern in schlichtem grauem Zivil, und sah sehr, sehr beamtet aus.
»Wo hast du gesteckt?« fragte ich ihn. »In Nordkirchen«, sagte er, »auf dem Schloß.« – »Auf dem Schloß? Als Schloßgespenst?« wollte ich wissen. Er grinste: »Nee, als Steuereintreiber.« Ich wußte damals noch nicht, daß in dem »Westfälischen Versailles« die Landesfinanzschule für Nordrhein-Westfalen untergebracht ist. Freund Friederich hatte sich also vom Geben aufs Nehmen umgestellt, auch wenn ersteres seliger sein mochte.
Listig lächelnd fügte der hoffnungsvolle Herr Finanzbeamte hinzu: »Früher hat das Schloß nur Geld gekostet, jetzt bringt es etwas.« Er schämte sich überhaupt nicht, die Hohe Schule des Bürgerausnehmens besucht zu haben. Da mußte ich mich einfach rächen. Und so erzählte ich ihm, daß er und seine geldgierigen Zunftgenossen auf Nordkirchen einen Vorgänger hatten, wie er ihrem Handwerk nicht angemessener hätte sein können. Es war der Rentmeister Schenkewald, doch mit Schenken hatte er nichts im Sinn, nur mit Nehmen, genau wie Friederich, mein alter Freund und Kupferstecher. Schenkewald trieb hartherzig, boshaft, ohne Pardon die Zinsen der Armen ein. Als er starb, dankten sie

Sumpfblüten: Das Wollgras – hier im Venner Moor zwischen Münster und Lüdinghausen – blüht immer noch an einer Reihe von verschwiegenen Stellen

Wehrhaft: Die Wasserburg Vischering, eine Ringmantelburg, die auf das 13. Jahrhundert zurückgeht, hat im ganzen Münsterland nicht ihresgleichen

dem Herrn im Himmel. Der Rentmeister aber mußte von Stund an spuken im Schloß. Eines Nachts führten zwei Priester das Gespenst ab, und bald schon sahen einsame Wanderer in der menschenleeren Davert den ruhelosen Schenkewald mit einer Kutsche durch die Lüfte rasen, wenn er wieder einmal aus der Hölle gekommen war. »So kann es gehen«, schloß ich, »wenn hochfahrende Geldeintreiber die Bürger peinigen.« Friederich gelobte, stets daran zu denken.

Unzählige Sagen und Legenden wie die von Schenkewald ranken sich um die vielen Burgen und Schlösser des alten Kreises Lüdinghausen. Die Stadt selbst, hervorgegangen aus einer Kirchengründung des Bischofs Liudger etwa um das Jahr 800, hatte einst vier Wasserburgen. An der wasserreichen Stever fanden die Baumeister, was sie für die Verteidigung ihrer Bauwerke brauchten: ein Vorfeld, das sie bei Gefahr ohne viel Aufhebens fluten konnten. Als Fabio Chigi, der päpstliche Gesandte, 1648 gen Münster reiste, um dort mit vielen anderen, mit mehr oder minder ehrlichen europäischen Diplomaten über den späteren Westfälischen Frieden zu verhandeln, berichtete er »von einem Ort, der an einem großen See liegt. Gemeint war zweifellos Lüdinghausen bei Hochwasser« (Günter Kalesky). Mit dem Wasser hatte er's überhaupt, der Mann aus Rom, denn damals bezeichnete er das Münsterland als die »Heimat des Regens«.

Wir wählen uns natürlich einen Sonnentag für unsere »Sagenreise« gen Süden. In diese Richtung führte die letzte Fahrt des heiligen Liudger, des ersten Bischofs von Münster. Nach seinem Tode am 26. März 809 in Billerbeck wurde sein Leichnam, der wochenlang den Gläubigen in Münster gezeigt worden war, zum Kloster Werden gebracht. Der Trauerzug kam durch ein unscheinbares Dorf ohne Namen. Als er an der Kirche vorbeizog, läuteten plötzlich die Glocken, ohne daß jemand am Glockenstrang gezogen hätte. Seitdem heißt das Dorf, das später zu einer hübschen Stadt wuchs, Liudgerhaus, nämlich Lüdinghausen.

Irgendwo im Süden, wie gesagt, und natürlich bei Sonnenschein verlassen wir Münster, zum Beispiel über Amelsbüren. Bald schon sind wir den Stadtlärm los; es wird still, wir fahren durch Bauernland. Angesichts üppig hochschießender Maisfelder fällt mir eine Anekdote von Rainer Schepper bei. Sie belegt, daß auch die Bauern des Münsterlandes heute fressen (müssen), was sie nicht kennen, aber dennoch ihre Skepsis beibehalten haben. Da kommt also ein Kunstdüngervertreter aus – sagen wir: Leverkusen – zur Zeit des Dämmerschoppens in eine Wirtschaft irgendwo zwischen Rinkerode und Amelsbüren. Wortgewaltig legt er am Tresen los: »Die Chemie ist jetzt so weit fortgeschritten, meine Herren, daß ich überzeugt bin, ehe ein paar Jahre vergehen, trägt jeder Landwirt den Dünger in der Westentasche hinaus aufs Feld.«

»Meine Herren« vorm Tresen schmergeln sich eins und kippen ihren Korn. Dann sagt einer – langsam, bedächtig: »Und die Ernte in der anderen Tasche nach Hause.«

Schon höre ich aus der Hohen Ward, ganz aus der Nähe ein jämmerliches Klagen und Rumoren. Da liegt ein alter Heidenherrscher in seinem bronzenen Sarg, umgeben von einem purgoldenen Schrein, und findet keine Ruhe bis in die Ewigkeit. Wilhelm Dege berichtet in seinem Buch »Sagen aus Westfalen«, in der Hohen Ward, rund um das Grab des gottlosen Königs, habe man viele Urnen mit ein-

Bauernland: Die Höfe, meistens in Einzellage verstreut, erinnern mit ihrer Fassadengestaltung gern an Herrenhäuser – und umgekehrt, siehe Rüschhaus

geäscherten Menschenknochen geborgen. »In jeder Urne«, schreibt Dege, »findet sich eine Spalte. Das Volk in der Umgebung behauptete, daß diese Spalten von dem Erdbeben bei der Kreuzigung Christi herrührten.«
Wir fahren in die schier endlose, schattige Davert. Durch dieses Wald-, Heide- und Moorgebiet südlich von Münster zogen früher die Davertnikkels, große Herden wildlebender kleiner Pferde, ähnlich denen, die heute noch im Merfelder Bruch bei Dülmen leben. Auch die Nickels führten viel Blut von urtümlichen Wildpferden, die sich später mit entlaufenen Haus- und Kriegspferden vermischt hatten. Noch bis ins 19. Jahrhundert gab es in Westfalen fünf solcher Wildbahnen; übrig blieb nur die bei Dülmen.
Die Davert wurde einst von der Wasserburg Davensberg beherrscht; von ihr blieb nur ein Rundturm mit der alten Gerichtsstube im Hauptgeschoß und dem Gefängnis darunter. Heute wird nicht mehr Gericht gehalten, wird niemand mehr eingekerkert. Über die Treppe, auf 1530 datiert, steigen friedlich die Besucher des Heimatmuseums.
In der Nähe von Davensberg und Ascheberg liegen Haus Byink, Haus Romberg und Haus Steinhorst. Byink und Romberg präsentieren sich mit sehr typischen, einstmals prächtigen münsterländischen Giebelwänden, und auch Steinhorst hat etwas Beispielhaftes für dieses Land. Es ist ein bäuerlicher Gräftenhof. Alle drei sind (oder waren) wasserumspülte Anlagen.
Haus Itlingen folgt, in dessen Nähe wir schon bei der Fahrt in den Südosten (Kapitel 3) gekommen sind. Hier hat, wie an so vielen Häusern und Schlössern, der große Barockbaumeister Johann Conrad Schlaun seine segensreiche Verschönerungskunst geübt, als er um 1775 dem alten Bauwerk einen Dachreiter und einen noblen Mittelrisalit gab.
Wehrhaft, abweisend, streng und gewissermaßen zugeknöpft gibt sich Schloß Westerwinkel, eine Anlage mit zwei großen Inseln. Aber wenn wir zuerst einmal durch den weitläufigen englischen Park wandern, gewöhnen wir uns schon an die Strenge. Hier in Westerwinkel sieht alles nach Verteidigung aus, nach den kriegerischen Zeiten des Frühbarock unter Fürstbischof Bomben-Bernd. In dessen Regierungszeit fällt auch – zwischen 1660 und 1670 – der Bau des Hauptschlosses mit seinen vier Flügeln. Es ist vielfältig geschützt: durch Wälle und Bastionen, durch die Vorburg im Norden und vor allem durch das Wasser.
Das Schloß liegt auf der östlichen Insel. Doch mochten Angreifer den äußeren, breiten Wassergraben und die anderen Hindernisse überwunden haben – am Ende sahen sie sich einem weiteren, letzten vor den dicken Mauern gegenüber. Denn die Erbauer Westerwinkel hatten um das Schloß noch einmal einen Hausteich gezogen. So lag es auf einer kleinen mitten in der großen Insel.
Aber nicht nur Wasserburgen und -schlösser hält die Reise in den Süden für uns bereit. Allemal lohnt sich ein Abstecher nach Cappenberg, schon wegen des weiten Blicks in die Lippeniederung vom Altan des Schlosses, das aus 112 Meter Höhe grüßt. Die Stadt Dortmund zeigt dort bedeutsame Sammlungen vor allem zeitgenössischer Kunst.
An die Geschichte des Doppelklosters Cappenberg – 1122 gegründet vom heiligen Norbert von Xanten – erinnert die ehemalige Stiftskirche, mit deren Bau im Gründungsjahr begonnen wurde. Das Cappenberger Kreuz und viele andere ungewöhnliche Schätze sehr alter sakraler Kunst ma-

Muße: Selten, aber immer noch sieht man solche Bilder; Muße (Seiten 56/57) auch bei den vielen wertvollen Gartenplastiken im Park von Schloß Nordkirchen

chen einen Besuch der ersten Prämonstratenser-Ansiedlung rechts des Rheins zum unvergeßlichen Erlebnis.

Bei Olfen wollen wir noch Haus Sandfort »mitnehmen«, das Herrenhaus im Wasser mit dem türmegeschmückten Brauhaus auf der geräumigen Vorburginsel, ehe wir uns wieder nach Norden wenden.

Und wieder ganz andere Bilder im spiegelnden Wasser um Schloß Nordkirchen, dessen eindrucksvolle Ausmaße den prunkenden Beinamen »Westfälisches Versailles« provoziert haben. Die riesenhafte Anlage mit ihrer Finanzschule animierte Alfons Verstege in einem Büchlein zu diesem Witz: Wo wird das Finanzamt zum erstenmal urkundlich erwähnt? Antwort: Bei den Drei Königen, da heißt es sinngemäß: Sie nahmen das Gold von den Kamelen und gaben es denen, die an der Krippe saßen.

Womit wir aber endgültig Abschied nehmen wollen von Rentmeister Schenkewald, Freund Friederich und anderen Figuren und Geschichten um die böse Steuereintreiberei.

Berühmte Baumeister und Bildhauer haben dieses Ideal einer verschwenderisch üppigen Residenz des 18. Jahrhunderts in die Landschaft des Münsterlandes gestellt. Zunächst aber ließ der bauwütige Fürstbischof Friedrich Christian von Plettenberg – er erwarb den Platz 1694 – das schon bestehende Schloß Nordkirchen abreißen, eine Anlage des 16. Jahrhunderts. Grundsteinlegung für das neue Nordkirchen war im Jahre 1703. Plettenberg hatte zuvor schon die Schlösser Sassenberg und Ahaus errichtet, aber dies hier wurde sein aufwendigstes Werk. Gottfried Laurenz Pictorius, Johann Martin Pictorius, Johann Conrad Schlaun, Johann Christoph Manskirch, Johann Wilhelm Gröninger und viele andere Spitzenkünstler wurden erst vom Fürstbischof selbst, dann – nach seinem Tod im Jahre 1706 – von seinem Neffen Ferdinand beschäftigt.

Vom »Ruhm des Hauses Plettenberg« kündet eine malerisch geschmückte Stuckdecke im Mittelbau; doch nirgends findet sich ein Hinweis auf das Pendant zu diesem Ruhm – auf die Armut der Menschen im Land, die zu der Herren größerer Ehre mancherlei bittere Frondienste leisten, mancherlei drückende Zinslast tragen mußten.

Wir fahren weiter, kommen an den Stadtrand von Lüdinghausen zur Burg Vischering. Welch ein Kontrast auf so engem Raum: Eben noch die wahrhaft barocke Pracht, die splendide Großzügigkeit der Nordkirchener Residenz und ihrer Parkanlagen mit den unzähligen Gartenplastiken, den Brücken, den streng geformten, sauber geschnittenen, lebenden Gebilden aus Taxus, Buchs und Tann, ein fast schon gigantischer, jedenfalls pompöser Traum von nüchtern geplanter Vollkommenheit inmitten der üppig wuchernden Parklandschaft des Münsterlandes.

Und nun Vischering, auch im Wasser gelegen, doch viel kleiner, unregelmäßiger, dabei wehrhafter, trotziger, mit menschlicheren Maßen! Eine Burg nicht aus einem Guß, nicht entstammend kühler Kalkulation von Wirkung und Repräsentanz, sondern über die Jahrhunderte hin zuvörderst nach den Gesetzen einer optimalen Verteidigung ergänzt, erweitert, verändert, kurz: immer sicherer gemacht.

Dabei kommt ein Superlativ – wir lieben leider heute solche Superlative – auch Vischering zu. Ist Nordkirchen Westfalens größtes, mag sein: bedeutendstes, wennschon nicht unbedingt schönstes Schloß (doch das ist meine persönliche Anschauung), so kann die Rundburg am Rande von Lüdinghausen als eins der ältesten und zugleich am besten über die Zeiten

Ländlich-friedlich: Überall laden wenig befahrene »Appelbaumchausseen« zu Pättkestouren; Seiten 60/61: sommerlicher Eichenkamp bei Seppenrade

geretteten Zeugnisse für die Bauweise von Ringmantelburgen gelten.
Schon im 13. Jahrhundert wurde Vischering begründet, als Bollwerk der Bischöfe von Münster gegen die kleinen und großen Aufsässigkeiten des Adels draußen auf dem Lande. Brand- und Kriegszerstörungen haben dem beispiellosen Bauwerk nicht nachhaltig schaden können. Selbstbewußt bei aller Bescheidenheit, anziehend bei aller Trotzigkeit und einladender als das ebenfalls so kampfbereite Westerwinkel liegt Vischering im verwirrenden System der Gräben und der Gräfte, und hier möchte ich Eka Gräfin von Merveldt zitieren: »Wäre Westfalen im Laufe der Geschichte nicht mehr gelungen als diese Burgen, Schlösser und Schlößchen, es wäre genug.«
Bleibt mir nur noch, für das Ende dieser Sagen-, Burgen- und Schlösserfahrt in den Süden auf Haus Kakesbeck hinzuweisen, die Reste einer alten Wasserburg, ebenfalls bei Lüdinghausen. Dort hauste anfangs des 17. Jahrhunderts Lambert von Oer. Er war mit dem Edelmann Goddert von Harmen in Fehde gekommen. Als Oer nun in einer Christnacht zur Messe fahren wollte, geriet er in einen Hinterhalt seines Feindes. Der warf ihm ein schmiedeeisernes Halsband um, erworben von einem fränkischen Meister. Es war innen gespickt mit scharfen eisernen Dornen.
Schmerzgepeinigt, ruhelos lief Oer umher. Niemand konnte das Schloß öffnen. Da hörte Lambert vom Schmied Tile in Münster, einem großen Meister seines Faches, und bat jenen, er möge ihm helfen. Tile sagte zu, gab jedoch zu bedenken, sein Werk könne den Edelherrn das Leben kosten. »Sei's drum«, sprach Oer, »ich finde keine Ruhe, bei Tag nicht und bei Nacht.« So nahm denn der Schmied den Kopf seines gepeinigten Klienten, legte ihn auf den Amboß, schlug mehrmals zu und betete: »Im Namen des Vaters und des Sohnes und des Heiligen Geistes.«
Das quälende Eisenband sprang in Stücke, Lambert von Oer war frei. Auf Burg Vischering wird das häßliche Folterinstrument bis zum heutigen Tage aufgewahrt – nur eines von vielen schaurig-schönen Requisiten im kleinen münsterländischen Welttheater aus Haß und einträglicher Heirat, blutiger Fehde und wonniger Minne, weltlicher Aufmüpfigkeit, bischöflicher Fron und freiherrlicher Frechheit, aus hintergründigem Humor, oft bissigem Scherz und viel tieferer Bedeutung.
Nicht nur die weiland westfälische Provinzialhauptstadt, nicht nur Münster, die gemütliche Metropole, steckt voller Merkwürdigkeiten (sie hat diesen hübschen Buchtitel von Josef Bergenthal weiß Gott verdient.) Nein, das ganze Land steckt voll von diesen mal vordergründigen, oft hintersinnigen Überraschungen; das walte Schenkewald, und mit ihm Lambert von Oer, mit ihm Norbert, der große Heilige von Xanten, auch der Schmied aus Münster, dazu dann Bischof Liudger, der Heidenherrscher aus der Hohen Ward und viele, viele andere.

*

Informationen und Buchungen im Süden: Verkehrsverein Ascheberg, Telefon 02593/1054 (9–12 Uhr), Postfach 49, 4715 Ascheberg; Verkehrsamt Lüdinghausen, Telefon 02591/5011/5018, Steverstraße 15, 4710 Lüdinghausen (auch für Seppenrade); Gemeinde Nordkirchen, Telefon 02596/1072, 4711 Nordkirchen; Verkehrsamt der Stadt Olfen, Telefon 02595/426, Rathaus, 4716 Olfen

Literatur: siehe Kapitel 1 »Münster«; Günter Kalesky: »Burg Vischering und Wasserburgen Südmünsterland-Lüdinghausen«, Wilhelm Dege: »Sagen aus Westfalen«

Besonderheiten: Freizeitpark Gut Eversum Olfen mit Sommerrodelbahn, Ausstellung »Tiere unserer Heimat« und Europas größter Rodelleisenbahn; Sammlungen und Ausstellungen auf Burg Vischering und im Schloß Cappenberg

Märchenstimmung: Haus Itlingen, viele hundert Jahre alt, von Johann Conrad Schlaun Mitte des 18. Jahrhunderts zu seiner heutigen Ansehnlichkeit gebracht

Neugierde: Pferdeversammlung beim Gestüt Haus Giesking in der Nähe von Appelhülsen und Buldern; hier werden mit sehr viel Hingabe Traber gezüchtet

Nach Südwesten: Dülmen, Karthaus, Wildpark, Teichgut, Borkenberge, Kloster Agnetenberg, Haltern, Schloß Lembeck, Hohe Mark, Reken, Merfelder Bruch, Rorup, Buldern, Bösensell, Haus Alvinghof, Haus Ruhr

Römer, Riesen, Anntrinken und viele wilde Tiere

Das Münsterland ist mehr als Münster, Mensch und Umwelt. Es ist der Herrgottswinkel eines Menschenschlags, der seine Wege auf besondere Weise wandelt. Und das rechtfertigt, daß man Worte macht, und sei's mit spitzer Zunge. Peter Coryllis

Gesättigt von einem frugalen münsterländischen Abendbrot mit Stuten, Schinken, Pumpernickel und einer bunten Platte vom letzten Schlachtefest, zufrieden mit Gott, der Welt und unserem Gastgeber sitzen wir im blühenden Bauerngarten und hören die Geschichten des Hausherrn. Mit hintersinnigem Schmunzeln berichtet er von der wilden Bestie, die tage-, wochenlang die Gegend um Dülmen unsicher gemacht hat. Mal wurde sie bei Hiddingsel gesehen, dann in der Nähe von Haltern, dann wieder bei Lette. Meistens erschreckte sie in der Dämmerung einsame Wanderer oder verspätete Bauern auf dem Feld. Menschen und Tiere sollte sie schon angegriffen und sogar Fuhrwerke attackiert haben.
Es war wie im Wilden Westen, sagt unser Bauer. Ich füge im Stillen hinzu: Oder wie mit dem Schneemenschen im Himalaja.
Jedenfalls gab es damals kein anders Gesprächsthema, bis dann endlich die Bestie gefangen wurde – ein störrisches schwarzbuntes Rind mit ungezügeltem Freiheitsdrang, das sich bei einem weithin bekannten Bauern aus dem Staub gemacht hatte. Böse Zungen behaupteten freilich, alles sei nur Spuk und Spintisiererei und vielleicht gar Aufschneiderei gewesen.
Doch wie auch immer, unser Gastgeber lacht schallend, prostet uns zu und sagt: »So'n Gedöns habe ich mit meiner Kuh letztes Jahr nicht gemacht.« Fragende Blicke, dann der Bauer: »Die habe ich auf dem Schützenfest versoffen.« Seitdem weiß ich, was den Leuten im Münsterland ein ordentliches Schützenfest wert ist.
Urlaub auf dem Bauernhof war damals, vor zehn Jahren, fast noch ein Fremdwort, ein Geheimtip für Freunde des Landlebens: Herrlich geruhsame Sommertage mit Kutschwagenfahrten, Wanderungen, Radtouren und den abendlichen Vertellsels-Run-

Bombergs Buldern: Haus Buldern, vor 150 Jahren errichtet, war der Ausgangspunkt vieler Streiche des Gisbert von Romberg, des Tollen Bomberg (1839–1897)

Durchblick: Lembeck, das herrliche in der alten Herrlichkeit, zählt zu den eigentümlichsten Wasserschlössern; es entstand gegen Ende des 17. Jahrhunderts

den im Garten bei Lette. (Der dortige Verkehrsverein organisiert inzwischen feuchtfröhliche Planwagenfahrten für feuchtfröhliche Gruppen.)
Für Dülmen kann ich guten Gewissens empfehlen, was ich auch für Stromberg im dritten Kapitel angeregt habe: Irgendwo in der Umgebung, am besten auf einem Bauernhof, ein Quartier zu suchen und sich von dort aus eine der stillsten, der urtümlichsten kleinen Welten des Münsterlandes zu erobern.
Die Stadt selbst hat unter den Bomben der Alliierten im März 1945 ihr altes Gesicht verloren, ein Gesicht mit vielen Runzeln und Kerben aus jahrhundertelanger Geschichte. Eine britischer Kriegsberichterstatter schrieb angesichts der Dülmener Katastrophe: »In England haben wir niemals eine Stadt gesehen, die ausgelöscht, vollständig abgeschrieben und aufgegeben wurde. Einen Ort – so leer wie Pompeji, der von einen zum anderen Ende den bitteren Gestank eines Kehrichthaufens hat.« Die Erinnerung an diese grausigen Tage ist längst zugedeckt mit neuen, ziegelroten Häusern.
Und rundum im Land locken viele Punkte, die einen Besuch lohnen. In Karthaus mit dem ehemaligen Karthäuserkloster Marienburg, jetzt eine Herzoglich von Croy'sche Domäne, bewundern die Kunstliebhaber besonders das prächtige eiserne Rokokogitter von 1757, das den Mönchschor von der alten Klosterkirche St. Jakobus trennt. Von der Schönheit der ausgedehnten Klosteranlagen ist nicht viel geblieben. Im ersten Viertel des 19. Jahrhunderts wurden sie abgebrochen, und mit ihnen die Burg der Ritter von Weddern, die 350 Jahre zuvor die Keimzelle des Klosters gewesen war.
Unweit der Stadt dehnt sich der Wildpark des Herzogs von Croy mit altem Baumbestand, vor mehr als 100 Jahren von einem englischen Landschaftsgestalter angelegt. Schon hier bekommen wir einen Vorgeschmack auf die Wildpferdebahn im nahen Merfelder Bruch, die wir uns aber für später aufheben wollen. Es ist Tradition, daß die Herzöge sich im Park eine kleine Herde der Wildlinge halten, und Besucher sind stets willkommen. – Ebenfalls dem Herzog, um den in Dülmen und um Dülmen herum niemand herumkommt, gehört das große Teichgut in der Heubachniederung. Hier werden Karpfen gezüchtet, und wenn wir Glück haben, sehen wir einen Graureiher beim Fischen oder im schwebenden Abflug. Oder wir sehen einen splitterfasernackten Mann mit elegantem »Köpper« in einen der großen Teiche tauchen, wie es mir einmal geschah. Er wähnte sich völlig allein in diesem stillen Erdenwinkel; als er prustend auftauchte, fragte er nur: »Wollen sie auch schwimmen?« Wir mußten beide herzlich lache. Würdig stelzte der Fremde aus dem Wasser und stellte sich vor. »Angenehm«, sagte ich. Da mußten wir wieder lachen.
Zur Wanderung laden auch die heidebedeckten Borkenberge ein. Hier – nach einem Gang durch verschwiegene Laub- und Nadelwälder – ist es von großem Reiz, den Segelfliegern zuzusehen. Sie haben idealen Aufwind und gute »Bärte« für ihr lautloses Schweben und Kreisen, und nur die Motorflieger stören gelegentlich die Stille. Um diese Borkenberge im Dreieck Sepperade, Dülmen, Haltern ranken sich viele Sagen. Auf dem Steinberg, benannt nach einem riesigen Stein, den einst der Teufel im Flug verlor – Spötter meinen, er sei der erste Sportflieger der Borkenberge gewesen –, ertönen um Mitternacht wundersame Weisen, wie Wilhelm Dege schreibt.

Still ruht der See: Die ausgedehnten Fischteiche in der Heubachniederung bei Dülmen gehören ebenso wie der Wildpark oder der Merfelder Bruch zu den Besitzungen derer von Croy; einen Eindruck vom urtümlichen Leben der 1316 erstmals erwähnten Dülmener Ponys vermitteln die folgenden Seiten

Zu elfenhafter Musik schwebt der Stein langsam in die Lüfte. Unter ihm glitzern Gold und edle Steine, und Geister tanzen und hängen sich die Perlen um.

Ehe wir Abschied nehmen von Dülmens reizvoller Umgebung, sollte noch die Rede sein von der stigmatisierten Nonne Anna Katharina Emmerick, die das gläubige katholische Deutschland des beginnenden 19. Jahrhunderte erschütterte, die Zweifler und Spötter dagegen zu Hohn verführte. »Anntrinken« kam 1744 als Kötterskind in der Bauerschaft Flamschen bei Coesfeld zur Welt und trat in Dülmen ins Kloster ein. Kirchliche und weltliche Beobachter stellten fest, daß die schlichte Nonne die Wundmale Christi trug; eine medizinische Erklärung fanden sie dafür ebensowenig wie für die Tatsache, daß Anntrinken fast ohne Speis und Trank lebte.

Berühmt bis in die heutige Zeit blieb sie vor allem, weil der romantische Dichter Clemens Brentano die Jahre von 1819 bis 1824 bei ihr verbrachte und über seine Erlebnisse sein Werk »Das bittere Leiden unseres Herrn Jesu Christ« verfaßte. Doch auch andere Geister der Zeit faszinierte die Nonne mit dem Zweiten Gesicht. 1821 ließ der Preußenkönig Friedrich Wilhelm III. in Dülmen Station machen; sein Leibarzt mußte nach Anntrinkens Wundmalen sehen.

Das Augustinerkloster Agnetenberg bewahrt eine umfängliche Sammlung mit Gegenständen aus dem Leben der Anna Katharina Emmerick auf.

Wir wenden uns Haltern zu – mehr seiner Geschichte und ihren stummen Spuren als dem etwas lauten Getriebe am Stausee. In den letzten 80, 90 Jahrten haben Archäologen mit umfangreichen Grabungen, in mühseliger Kleinarbeit ein wichtiges Kapitel römisch-westfälischer Geschichte aufgeschlagen. Bei Haltern unterhielten nämlich die Römer ausgedehnte Stützpunkte zur Absicherung ihrer Eroberungszüge in die unwegsamen Wälder und sumpfigen Niederungen dieses gehaßten, unzugänglichen, kalten Germaniens. Am Nordufer der Lippe, zwischen Annaberg und Stadt, kamen im Laufe der Jahrzehnte fünf Bauwerke zutage: Lager für die römischen Legionäre, Depots für Waffen, Verpflegung und Gerät und sogar eine Art Hafen. Denn die Lippe, Halterns Hausfluß, der bei Wesel in den Rhein fließt, war um Christi Geburt eine wichtige Verkehrsader für die imperialen Vorstöße der mediterranen Eindringlinge.

Die reichen Funde der Archäologen sind heute im Römisch-Germanischen Museum der Stadt zu sehen, zweitausenjährige Hinterlassenschaften einer Epoche, die Fachleute in die Zeit von etwa 11 vor bis 16 nach Christi Geburt legen.

Die Wälder der Hohen Mark und der Haard, die Naturschutzgebiete Westruper und Holtwicker Wacholderheide locken wieder zum Wandern, und gerade die koboldhaften, verwachsenen Wacholderbüsche in den Heide-Hainen – mal flach hingeduckt, wie in Angst vor dem Sturm, mal hochaufragend wie schlanke Säulen, mal breitwüchsig-knubbelig wie eine richtige münsterländische Meerske –, gerade sie gehören in diese Gegend.

Lembeck kommt näher, ein Schloß, an dem ich aus vielen Gründen hänge. Erstens, weil es nicht nur schön ist, einfach schön wie so viele dieser Herrensitze im Münsterland, sondern ganz besonders, weil es sehr eigenwillig im Wasser liegt. Zweitens, weil sich mit diesem herrlichen Bauwerk in der alten Herrlichkeit Lembeck viele persönliche Erinnerungen und mancherlei private Erzählungen verbinden. Und drittens, weil auch hier – wie an so

Begegnung: Ballonfahren und Pferdezucht gehören zum Münsterland wie Schinken, Korn und Pumpernickel; nächste Seiten: bei Coesfeld und Gescher

vielen Plätzen – Johann Conrad Schlaun gewirkt hat, der unübertreffliche, der unermüdliche Meister des Barock, der »mit Aufträgen vor allem des rheinischen und westfälischen Adels überhäuft wurde« (Klaus Bußmann), als sein künstlerisches Talent und seine handwerkliche Präzision sich erst einmal herumgesprochen hatten. Er hat in Lembeck (man kann von hier fast bis Recklinghausen spucken, wenn der Wind gut steht) den Großen Saal im Nordflügel des zweigeschossigen Herrenhauses geschaffen und sich so auch als zuverlässiger, ja genialer barocker Innenarchitekt ausgewiesen; dann hat er Brückenpfeiler entworfen und ist mit manch gutem Rat planenden Kollegen zur Seite gestanden.

Zum zweiten Punkt meiner Vorliebe für Lembeck. Da ist Eka Gräfin von Merveldt, vertrieben aus dem Osten, genau wie ich selber und ein paar andere diesem Land schreibend zugeneigt. Auf Lembeck werden in einer Dauerausstellung wichtige Bilder ihres verstorbenen Mannes gezeigt, des Malers Hanns Hubertus Graf von Merveldt. Er war nicht nur ein außergewöhnlicher Künstler, sondern – wegen seiner kompromißlosen Haltung gegenüber jedermann und vor allem den Machthabern des Dritten Reiches – auch ein tapferer Vertreter des münsterländischen Adels.

Die Gräfin Merveldt hat einmal aufgeschrieben, was für unsereinen Orte wie Lembeck bedeuten: »Eigenartiger Zauber, Charme und Melancholie des Verfalls« gehören dazu; es ist »die Begegnung mit den letzten Sauriern und weißen Elefanten. Umgeben von Schwänen, Pfauen und Unkenruf.«

Dann ist da, immer noch Punkt zwei, die für mich sehr wichtige Unwichtigkeit gelegentlicher Ferienaufenthalte bei Verwandten im nahen Wulfen. Eines Tages um 1950, als ich ihn bei Tisch füttern wollte, biß der schwarzweiße Bastard der Familie mich in die Hand und hinterließ eine blutende Wunde. Heute bin ich dem Viech fast dankbar; denn die Verwandten bekämpften meinen Schmerz und Kummer mit einer Fahrt nach Lembeck; zum erstenmal in meinem Leben sah ich das Schloß, auf dem meine Großmutter vor dem Ersten Weltkrieg zu kochen gelernt hatte, Feines und auch Frugales, genau wie auf Schloß Westerwinkel (siehe Kapitel 4). Für Einheimische muß ich nicht erwähnen, was sie kochen konnte; die wissen, was Große Bohnen mit Speck sind, Wuorttelpott, Schnippelbohnentopf oder ähnlich unvergleichliche Gerichte.

Abschied von Lembeck – durch die waldreiche Hügellandschaft der Hohen Mark und durch Reken mit dem Heimatmuseum in der alten Windmühle und der museal genutzten Pfarrkirche St. Simon und Judas machen wir uns langsam auf die Rückfahrt nach Münster. Und kommen endlich in den Merfelder Bruch, zu den 200 Wildlingen, denen damals mein Urlaub auf dem Letter Bauernhof vorwiegend galt. Schon um fünf, sechs Uhr in der Frühe zogen wir in die Wildbahn und mischten uns unter die Tiere, die uns bald als »ihresgleichen« betrachteten und nicht einmal mehr aufsahen, wenn wir kamen.

Eine Urkunde aus dem Jahre 1316 bezeugt, daß damals schon die »Dülmener« in dieser unwirtlichen, unzugänglichen Bruchlandschaft lebten, zähe kleine Pferdchen mit wildem Blut; sie fraßen, was sie Kärgliches fanden in Moor, Sumpf und Heide, lernten, ohne menschliche Hilfe zu überdauern, und retteten sich dank mäzenatischer Taten der Herzöge von Croy bis in unsere Tage. Der Merfelder Bruch ist das letzte Wildgestüt des europäischen Kontinents; fünf solcher

Winterlich: Schnee ist – im Gegensatz zum Regen – nicht gerade häufig; aber wenn er einmal gefallen ist, wie hier bei Dülmen, verzaubert er die Landschaft

Wildbahnen gab es in Westfalen bis ins 19. Jahrhundert hinein, eine davon in der Davert (siehe Kapitel 4).
Über Rorup geht es weiter gen Münster. In der Pfarrkirche St. Agatha finden wir die Figur einer Heiligen, die uns streßgeplagten Menschen des 20. Jahrhunderts Hilfe geben kann. Es ist die heilige Petronella, die bei Kopfschmerzen gern zu Rate gezogen wird. Und am Schandpfahl beim Roruper Amtshaus, fast 250 Jahre alt, können wir dann gleich diesen Streß des 20. Jahrhunderts anprangern, um uns schließlich in Buldern, angesichts des Schlosses derer von Romberg, eines Herrn zu erinnern, der – mit spektakulären Streichen – ebenfalls den Pranger benützte. An denselben nämlich stellte der Tolle Bomberg das bornierte 19. Jahrhundert mit dem Standesdünkel der Adelskaste und der Gründerzeit-Vermessenheit fortschrittsgläubiger Neureicher.
Von Haus Buldern aus, das seine Familie im 18. Jahrhundert erworben hatte und 1830 in der jetzigen Form errichtete, zog Bomberg-Romberg (1839–1897) aus, viele das Fürchten, die meisten seiner Zeitgenossen aber das Lachen zu lehren. Sein Oberrentmeister Ferdinand Zumbusch war mit von der Partie, als ihm eines Nachmittags wieder das Fell juckte. Vierspännig raste Romberg nach Hörde, wo er einen fidelen Leierkastenmann mit seiner Orgel »an Bord« nahm. Weiter karriolte der tolle Baron nach Unna und gab auf dem Markt – unter ständigem wilden Kurven – ein öffentliches Konzert. Über eins seiner Güter ging's zu den Papens nach Werl, dann nach Hamm, wo der Rentmeister unbemerkt reißaus nehmen und der längst nicht mehr fidele Leierkastenmann endlich seine Musikmaschine schnappen und sich trollen konnte. Romberg aber soff und tobte weiter – mit Hinz und Kunz, in vielen Kneipen –, bis er nach fast drei Tagen wieder in Buldern auftauchte und tat, als sei weiter nichts geschehen.
»Zum Repräsentieren und Schöntun bin ich nicht geboren, ich nicht«, pflegte er wohl zu sagen, wenn er den standesbewußten westfälischen Adel und vor allem seine um vieles ältere, arme Frau wieder einmal solcherart vor den Kopf gestoßen hatte.
Um Haus Buldern ist es längst wieder still geworden, doch Bomberg-Rombergs Streiche leben fort im Münsterland; die Leute von Buldern verehren ihn sogar. Ihm nämlich verdanken sie, daß sie im vorigen Jahrhundert Anschluß an die weite Welt bekamen. Der verrückte Baron zog auf der neuen Strecke Münster-Ruhrgebiet so lange die Notbremse, bis die Bahnverwaltung des ewigen Ärgers satt war und sich dem Dauerbremser beugte: Sie baute die Bahnstation Buldern. ...
Bösensell hatte dieses Glück nicht. Freundlich träumt der Ort bis heute vor sich hin. Und viele wissen gar nicht, daß ganz in der Nähe die noblen Herrenhäuser Alvinghof und Ruhr liegen. An beiden hat einer gewirkt, der lange vor Bomberg-Romberg unsterblichen Ruhm gewann, wenn auch auf gänzlich andere Weise. Es war – wieder einmal – Johann Conrad Schlaun.
So unterschiedlich können die Stoffe sein, aus denen im Münsterland Geschichte und Geschichten sind.

*

Informationen und Buchungen im Südwesten: Verkehrsamt der Stadt Dülmen, Telefon 02594/121, Rathaus, 4408 Dülmen; Verkehrsamt der Stadt Haltern, Telefon 02364/3021, Rathaus, 4358 Haltern

Literatur: siehe Kapitel 1 Münster; dazu Krewerth/Rensing: »Wo die wilden Pferde leben«, Helmut Müller: »fünf vor null«, Josef Winckler: »Der tolle Bomberg«

Besonderheiten: Wildpferdebahn Merfelder Bruch mit Fang der einjährigen Hengste Ende Mai; Ausstellung Hanns Hubertus Graf Merveldt und andere Exponate auf Schloß Lembeck; Römisch-Germanisches Museum Haltern

Fruchtbarkeit: Sonnenuntergang über einem weiten Kornfeld bei Haltern – die schönsten Bilder für den Wanderer hält jedes Jahr der späte Sommer bereit

Öffnung: Schloß Ahaus, kurz vor 1700 errichtet für Fürstbischof Plettenberg; auf den folgenden Seiten: hügelig-liebliche Landschaft im westlichen Münsterland

Nach Westen zur Grenze: Coesfeld, Gescher, Anholt, Schloß Anholt, Bocholt, Rhede, Schloß Rhede, Borken, Schloß Gemen, Raesfeld, Schloß Raesfeld, Heiden, Velen, Schloß Velen, Coesfeld/Dülmen

Flirt im Rheinland, aber Ehe mit dem Münsterland

Seh' ich dich so, mein kleines Land, / In deinem Abendfestgewand: / Ich meine, auch der Fremdling muß / Dir traulich bieten Freundesgruß. / Du bist nicht mächtig, bist nicht wild, / Bist deines stillen Kindes Bild, / Das, ach, mit allen seinen Trieben / Gelernt vor allem, dich zu lieben.

Annette von Droste-Hülshoff

Es war Krieg im Land, ein Krieg, der dreißig Jahre dauern sollte. Elend, Not und Tod – das war das täglich Brot der Menschen in der ersten Hälfte des 17. Jahrhunderts. Zweihundert Jahre später würde Annette von Droste-Hülshoff in ihrem Epos »Die Schlacht im Loener Bruch« diese Verse schreiben: »O Tilly, deine blut'ge Hand / Hat guter Sache Schmach gespendet! / Wohin dein buschig Aug' sich wendet, / Ein Kirchhof wird das weite Land. / ... Die Kirchen ihres Schmukkes bar, / Die Priester am Altar erschlagen, / Sie können ohne Worte sagen, / Daß hier der tolle Herzog war.«

Einer aber hatte Glück in diesem Dreißigjährigen Krieg. Es war Alexander II. von Velen. Sein Vater, Herr auf Raesfeld, hatte die Saline »Gottesgabe« in Rheine gegründet und damit den Grundstein für den Aufstieg des Sohnes gelegt. Alexander II. war 22 Jahre alt, als er in der blutigen Schlacht im Loener Bruch gegen den Tollen Christian von Braunschweig erste Erfolge errang, indem er die Soldaten des Herzogs von Weimar aufrieb. Alexander stieg zu höchstem Ruhm und großem Reichtum auf. Doch später, auf Schloß Raesfeld, mehr über dieses münsterländische Kapitel des Dreißigjährigen Krieges.

Fahren wir von Münster erst einmal nach Coesfeld – und damit noch viel weiter zurück in die Geschichte. In der alten Kreisstadt, 809 erstmals erwähnt, riecht man gewissermaßen schon die nahe niederländische Grenze; Gisela Schwarze nennt Coesfeld das »Tor vom Kernmünsterland zum Westmünsterland«, zum Grenzland eben. Die Stadt an der Berkel war seit eh und je eine Schaltstelle zwischen westlichen und nordöstlichen Handelsräumen; sie war Mitglied der Hanse, gleichzeitig

aber auch mit holländischen Städten vertraglich verbunden.
1197 verlieh der Bischof in Münster Coesfeld die Stadtrechte. Das war wie ein Signal für den stürmischen wirtschaftlichen Aufschwung, der einige Jahrhunderte andauerte. In diesem Jahre 1197 war Münsters erster Bischof Liudger schon fast 400 Jahre tot; am Abend vor seinem Tod im Jahre 809 soll er in der Lambertikriche zum letzten Mal gepredigt haben.
Diese stolze Kirche wurde im 15. und 16. Jahrhundert zur heutigen Form ausgebaut; entstanden ist sie schon in der späten Romanik. Sehr verehrt wird das Gabelkreuz, das »Coesfelder Kreuz« über dem Hochaltar. Es ist wahrscheinlich kurz nach 1300 entstanden und konnte über den letzten Krieg gerettet werden, als Coesfeld das Schicksal mehrerer westmünsterländischer Städte erlitt. Die stolze Kreisstadt sank in Schutt und Asche; fast kein Stein blieb auf dem anderen.
Der britische Feldmarschall Montgomery fuhr am Nachmittag des 30. März 1945 nach Coesfeld hinein. Später schrieb er nieder, was er damals empfand: »Ich sah die ausgehöhlten Ruinen, das Gewirr der Trümmer, und ich dachte immer nur: Mein Gott, welch ein Ende ist das für sie!«
Unser nächstes Ziel ist Gescher, die Glockengießerstadt zwischen Weißem Venn und Berkeltal. Seit 1690 werden hier Glocken gegossen, die in alle Welt gingen und gehen. Alexis Petit war der erste ortsansässige Meister dieser Kunst in Deutschland. Als er 1843 starb, hatte er über 1000 der tönenden Rufer zu Gebet und Gottesdienst gefertigt. Heute erinnert ein Museum an diese große Tradition der kleinen Stadt; in einem zweiten Museum, dem Heimathaus, einem Zweiständer-Ankerbalkenhaus des 18. Jahrhunderts, findet der Besucher eine beachtliche Sammlung bäuerlichen Geräts aus mehreren Jahrhunderten. Im Spieker kann – neben vielem anderen – besichtigt werden, wie früher auf dem Lande der edle Gerstensaft gebraut wurde.
Eine weite Fahrt durch die grenznahe Parklandschaft liegt vor uns. Über Burlo geht es nach Anholt, in den alleräußersten Zipfel des Münsterlandes, wo die Niederlande und das Niederrheingebiet zusammenstoßen. Das Städtchen an der Issel hat im Laufe der Jahrhunderte immer wieder unter kriegerischen Auseinandersetzungen leiden müssen, zuletzt im Zweiten Weltkrieg, als es fast gänzlich zerbombt wurde. Am Rande des wiederaufgebauten Orts liegt breit hingelagert, bombastisch fast das Wasserschloß Anholt.
Genau wie die Stadt war auch die Burg Anholt immer wieder das Ziel brandschatzender Soldaten. Erbaut wurde sie schon im 12. Jahrhundert, und aus dieser grauen Vorzeit stammt auch der »Dicke«, wie er in der Gegend heißt, der mächtige runde Bergfried auf der Oberburg mit seinem fast drei Meter dicken Gemäuer. – Sein barockes Gesicht und seine monumentale Größe bekam Schloß Anholt von 1660 bis 1740. Die reiche Ausstattung – eine kostbare flämische Ledertapete im Grünen Saal, ein echter Rembrandt unter den 800 Gemälden der Sammlung Salm-Salm, Deckenmalereien, Leuchter und Gobelins – macht Anholt zu einem vielbesuchten Ziel. Als es nach den Zerstörungen des Zweiten Weltkriegs wieder hergerichtet war, wurde es zum Museum; in der Vorburg etablierte sich ein Hotel.
Ein großes Vergnügen ist es auch, die ausgedehnten Park- und Gartenanlagen zu durchwandern, Schöpfungen des 19. Jahrhunderts. Zwei Kilometer vom Schloß entfernt ließ der Fürst

Kreuzigung: Detail des Hungertuchs, des »Schmachtlappens« von 1619 in der Stiftskriche St. Felicitas in Vreden; Äbtissin Agnes von Limburg fertigte es selbst

Wuchtig: Die Mauern des Westturms von Burg Gemen sind mehr als 3,50 Meter dick; man nimmt an, daß die Anlage schon um das Jahr 1000 bestand

Frömmigkeit: Bildstöcke und »Heiligenhäuschen« – wie dieses bei Beerlage – wurden bis in unser Jahrhundert besonders auf dem Land sehr häufig errichtet

Leopold zu Salm-Salm um die Jahrhundertwende den Leopoldspark anlegen. Der begüterte Besitzer von Schloß Anholt scheute keine Kosten, in die Natur des Westmünsterlandes eine Miniatur der Landschaft am Vierwaldstätter See zu bauen. Ein kleiner See nahm eine Felseninsel und – als Krönung – ein Haus auf, das in der Schweiz abgebrochen und hier wieder aufgerichtet wurde.

Ein wenig überraschend und fremdartig nimmt sich das alles schon aus, und dazu tragen auch die Tiere der Alpenwelt bei, die in den Gehegen um den Teich leben. Doch wer nicht gerade am Wochenende in diesen Zipfel am Ende der (münsterländischen) Welt fährt, wird Anholt und seinen Anlagen viele Reize abgewinnen.

Nach Bocholt ist es nicht weit, in die einstmals kreisfreie Stadt, die in den siebziger Jahren, als überall im Land das Neuordnungsfieber grassierte, um ein Haar zum Niederrhein geschlagen worden wäre. Damals prägte der Oberbürgermeister von Bocholt das geflügelte Wort: »Wir lieben die Rheinländer, wir wollen sie nur nicht heiraten.« So blieb die die uralte Ehe mit dem Münsterland erhalten. – 799 noch 30 Jahre vor Coesfeld, trat der Ort an einer Furt der Aa ins Licht der Geschichte. Historiker nehmen an, daß Bischof Liudger schon um 800 hier eine Pfarre gründete. Diese münsterische Geschichte allein, meinten um 1974 die Gegner der Neuordnung, verbiete einen Anschluß an die Nachbarn im Westen.

Dennoch ist allenthalben der Einfluß der Rheinländer und der Niederländer zu spüren. Das belegt nicht nur die mehr als 500 Jahre alte steinerne Madonna in der Georgskirche, die – genau wie die Stadt – im letzten Krieg schwer mitgenommen wurde. Die Muttergottes ist ebenso niederrheinischen Ursprungs wie der Kirchenbau selber, eine Stufenhalle mit fünf Jochen, die im 15. Jahrhundert entstand. Und die Niederländer haben sich am berühmten Bocholter Renaissance-Rathaus verewigt. Die Künstler, die es zu Beginn des 17. Jahrhunderts schufen, verstanden es meisterhaft, münsterländische Bautradition mit Anleihen bei den Nachbarn zu verbinden.

Wir haben einen Bogen geschlagen und sind nun wieder auf dem Weg nach Osten. Rhede ist der nächste Ort mit dem Krechtinger Zoo, einer Holländer-Windmühle und vor allem dem Renaissance-Schloß am Stadtrand, dem Wohnsitz des Fürsen zu Salm-Salm. Dann kommt Borken in Sicht, die Kreisstadt. Auch sie wurde 1945 großenteils zerstört.

Die wichtigste Kirche der Stadt ist wohl die Propsteikirche St. Remigius; in ihrem mächtigen Westtturm sind Reste des ersten Steinbaus aus der Mitte des 12. Jahrhunderts erhalten.

In der Nähe von Borken liegt die Jugendburg Gemen, gepachtet vom Bistum Münster für Freizeiten und Ferienveranstaltungen. Kinder und Jugendliche bringen Leben in das trutzige, abweisende alte Gemäuer, dessen älteste Teile sicherlich sieben-, achthundert Jahre alt sind. Mächtige Türme bestimmen das Bild von Gemen, besonders der Ballturm, der Bergfried, mit seiner geschwungenen Haube, die ihm etwas von seiner Schwere nimmt. Gedrungen, wie ein drohender Koloß, liegt am Westende des Palas, der die Türme verbindet, der Archivturm.

Unser Weg von Borken führt nach Süden, zum Schloß Raesfeld, das Alexander II. von Velen, der »Westfälische Wallenstein«, während des 17. Jahrhunderts zur fürstlichen Residenz ausbauen wollte. Er gewann auf seine Weise den Dreißigjährigen

Belastung: Beim Schloß Raesfeld, schon vor 1200 gegründet, schleppt Atlas, der griechische Titanensohn, bis in unsere Tage seinen übermächtigen Himmel

Krieg, wurde reich und stieg zum Generalfeldmarschall und Reichsgrafen auf. Wie ein echter Souverän verkehrte er mit dem Großen Kurfürsten von Brandenburg und »Bomben-Bernd« aus Münster, dem Fürstbischof Christoph Bernhard von Galen, mit den Kollegen aus der Generalität, Tilly und Piccolomini, und anderen Großen seiner Zeit.
Aus der alten Burg Raesfeld machte er das Schloß in seiner heutigen imposanten Größe. Er ehelichte die Tochter des Fürsten von Bentheim, und im Turm auf der Vorburg befragte er sogar – wie Wallenstein – die Sterne nach seinem Schicksal. Doch zum Fürsten brachte der talentierte, ehrgeizige Graf es nicht. Raesfeld wurde mächtig im Land, die Träume seines Besitzers von einer glänzenden Residenz erfüllten sich indessen nie. Der Sohn verschleuderte den Reichtum, den Vater und Großvater gehäuft hatten, in wilden Saufereien und üblen Weiberaffären. Das Schloß ging 1733 an die Grafen von Limburg-Styrum; aber sie bewohnten es nicht. Fast 200 Jahre lang verkam es immer mehr zur Ruine, bis in den zwanziger Jahren dieses Jahrhunderts der Bund »Neudeutschland« begann, es wieder instandzusetzen. Endgültig gerettet wurde Schloß Raesfeld durch die Handwerkskammer Münster, die es 1941 erwarb, nach dem Krieg restaurierte und zu einem Schulungs- und Kulturzentrum ausbaute.
Nicht weit von Raesfeld und Borken, beim Dorf Heiden, liegen im waldreichen Naturpark »Hohe Mark« die Düwelsteene, die Teufelssteine, das südlichste westfälische Großsteingrab.
Die Düsternis dieser Düwelsteene verliert sich schnell bei einem erholsamen Spaziergang in der »Hohen Mark« und einem Besuch von Schloß Velen mit seiner hübschen Orangerie, die Johann Conrad Schlaun geplant und Gerhard van der Giese Mitte des 18. Jahrhunderts gebaut hat.
Überhaupt haben, neben Schlaun, berühmte Baumeister wie Ambrosius von Oelde an diesem Schloß an der Borkener Aa gewirkt, das in den älteren Teilen auf das 15. Jahrhundert zurückgeht.
Über Coesfeld oder Dülmen führt die Fahrt gen Münster, ganz nach Lust und Laune. Es war eine Reise in düstere, kriegerische Zeitläufe, über deren barbarische Zerstörungen die Schönheit der Landschaft, der Schlösser, der Kirchen heute hinwegtäuschen mag. Was aber Annette von Droste-Hülshoff über jene Jahre dachte, als Alexander II. von Velen, der »Westfälische Wallenstein«, seine Schlachten schlug, mag am Ende dieses Kapitels stehen. In der »Schlacht im Loener Bruch« schrieb sie: »Fast dreißig Jahre sind entschwunden, / Und noch kein Ende ist gefunden: / Es rollt der Rhein die dunklen Wogen / Durch brandgeschwärzter Trümmer Graus; / Da ist kein Schloß, kein niedres Haus, / Das nicht, vom Wetter schwer umzogen, / Von Freund und Feinde gleich geplagt, / Dem Wurf der nächsten Stunde zagt.«

*

Informationen und Buchungen im äußersten Westen: Fremdenverkehrsverband »Das grüne Band im Münsterland«, Telefon 02551/5090, Altes Rathaus, 4430 Steinfurt; Verkehrsamt Stadtverwaltung Coesfeld (mit Lette), Telefon 02541/151, Postfach, 442 Coesfeld; Stadtverwaltung Isselburg, Verwaltungsstelle Anholt, Telefon 02874/2035, 4294 Isselburg; Stadtinformation/Verkehrsbüro Bocholt, Telefon 02871/953298, Europaplatz 22, 4290 Bocholt; Stadt Borken, Pressestelle, Telefon 02861/7011, Rathaus, 4280 Borken
Literatur: siehe Kapitel 1 Münster; dazu Annette von Droste-Hülshoff: »Die Schlacht im Loener Bruch«; »Unser Grenzland«, Helmut Müller: »fünf vor null«
Besonderheiten: Glockenguß in Gescher (ca. alle drei Monate, Information Verkehrsverein Gescher, Telefon 02542/4300), in Gescher auch Glockenmuseum; Krechtinger Zoo in Rhede; Düwelsteene bei Heiden; Naturpark Hohe Mark (vorzüglich für Wanderungen)

Krone: Mächtig reckt der Baum sein üppiges Blätterwerk in die Höhe; in der Weite der Landschaft, über den Feldern, wirken diese Bäume wie alte Wegmarken

Selten: Bis in die Notjahre nach 1945 waren die Kopfweiden »Rohstoffquelle« für die Korbflechter; gelegentlich sieht man sie noch – wie hier bei Coesfeld

Herrschaftlich: Schloß Anholt, wahrscheinlich bald nach dem Jahr 1000 als Burg angelegt, wurde nach 1650 zu einem weitläufigen barocken Prachtbau

Klösterlich: Die Benediktinerabtei Gerleve, 1898 nach einer bäuerlichen Stiftung bei Billerbeck gegründet, ist eine bekannte Pflegestätte liturgischer Musik

Durch die Baumberge zum Zwillbrocker Venn: Nienberge, Rüschhaus, Roxel, Haus Hülshoff, Altenberge, Horstmar, Burgmannshöfe, Haus Alst, Schöppingen, Schloß Darfeld, Schloß Varlar, Holtwick, Legden, Haus Egelborg, Ahaus, Schloß Ahaus, Zwillbrock, Vreden, Billerbeck, Kloster Gerleve, Nottuln, Havixbeck, Haus Stapel, Haus Havixbeck

Möwen, Mönche und der Mord an der Meerske von Tilbeck

Ganz besonders liebte sie es, mit Geistergeschichten ihre Gäste bis nach Mitternacht zu unterhalten, und über die stärksten Nerven ging ein Schaudern, wenn man nachher allein mit der flackernden Wachskerze vor den hellen Spiegeln und dunklen Gemälden der Logierzimmer stand oder im Garten und am Teich die Eulen rufen hörte.

Elise Rüdiger über Annette von Droste-Hülshoff

Schauder liegt über dem stillen Winkel im Wald. Regen und Wind haben dorrende Baumwurzeln aus dem Boden freigewaschen. Einige bleichen wie Knochen langsam aus. Auf einem Sockel im Hohlweg steht schmucklos ein steinernes Kreuz, seit mehr als 200 Jahren schon. Oben eingemeißelt, ungeschlacht, in Versalien, lesen wir die uralte Kreuzesinschrift INRI – Jesus von Nazareth, König der Juden. Weiter unten, unter den unvermeidlich-dümmlichen Ausflüglerkritzeleien, erfahren wir, wieder in gut lesbaren Großbuchstaben, daß »alhie eine Meirsche Tilbick vermordet ist«. Es war 1764. Der Mord in den Baumbergen bei Tilbeck könnte einer jener Stoffe gewesen sein, mit denen Annette von Droste ihren Vertrauten im nahen Rüschhaus mitternächtliche Geisterfurcht einzujagen liebte.

Die Meerske von Tilbeck wurde damals von zwei Männern erschlagen, die sie nach dem Besuch in einer Kneipe verfolgt hatten. Doch der Mord brachte ihnen keine Beute; im Sack der Frau fanden sie nur Nägel statt Geld. Ihr Ende war der Galgen.

Die Hänge und Schluchten und überwucherten Steinbrüche der Baumberge – hier wurde einst, wird noch heute, Baumaterial für Dome, Schlösser, Bauernhäuser gebrochen – haben ihren Schrecken verloren, und auch im Rüschhaus findet sich die geheimnisumwobene Stille der Droste-Zeit nur noch in seltenen Augenblicken, wenn abends auf der Autobahn Hansalinie der brüllende Verkehr zur Ruhe gekommen ist. – Im »Schneckenhäuschen«, ihrem Wohn- und Arbeitszimmer im Zwischengeschoß, schrieb die Dichterin über 20 Jahre hinweg bedeutende Werke, und es ist sicher, daß dazu mit seiner Kunst Johann Conrad Schlaun beigetragen hat, Westfalens großer Barockbaumeister, der Rüschhaus, die backsteinrote, seltene Symbiose aus Edelsitz und Bauernhaus, von 1745 bis 1749 als sein Sommerhaus errichtet hatte.

Annettes Vater kaufte Rüschhaus 1825 als Witwensitz für seine Frau; doch schon 1826 starb er, und die Mutter der Dichterin zog mit ihren beiden Töchtern in das einsame Gemäuer.

Ein weiter Umzug war es nicht vom Stammschloß der Familie, dem Haus Hülshoff, auf dem Annettes Vorfahren seit 1417 gesessen hatten. »Ein grünumhegtes Haus, brütend wie ein Wasserdrach« hat sie selbst es genannt, dieses »Eiland, wo die graue Wacht sich hebt aus Wasserbins und Rohre«. – Auch hier hat sich die Stille aus dem Staub gemacht vor der Neuzeit; seit 1975 gehört Hülshoff mit Roxel zu Münster, genau wie Rüschhaus mit Nienberge. Doch in seltenen Augenblicken – in der Frühe, am Abend, unter der Woche – liegt noch immer ein wenig romantische Droste-Stimmung über den Gebäuden auf den zwei Inseln, und es mag schon sein, daß der »brütende Wasserdrach« uns die Gestalten aus dem Leben der Annette schemenhaft aus den Gräften steigen läßt.

Ganz im Heute, wenn auch nahe den alten Gefilden der Dichterin, bei Altenberge, lebt eine Kunstsammlung in einem merkwürdigen Haus – die Sammlung Otto Dobermann. Unter dunkle Eichenbalken gestellt, an kalkweiße Wände gehängt, auf den nackten Boden gelegt sind Bilder, Plastiken, Objekte der letzten Jahrzehnte. Namen wie Pfahler, Vasarely, Geiger, Hermans – allesamt in der Kunstszene ein Begriff – gehören zu diesem ländlichen Haus wie die Patina seines hohen Alters. Zeitgenössische Kunst, meist eher in den Metropolen vermutet, »Modernes« in der Abgelegenheit des Münsterlandes und der Baumberge, die prachtvolle Summe eines Sammlerlebens in einem Kotten – das stört nicht, das »paßt« überraschend gut und vor allem: Es kommt nicht von ungefähr.

Otto Dobermann, der Sammler, hatte Münster als Ausgangspunkt für seine Bemühungen; diese Stadt, sagt er, sei »ein unentdecktes Dorado der Künste«. Und bis Altenberge war es ja nur ein Katzensprung. Ganz nebenbei – Annette, lebte sie noch, hätte es hier wohl gut gefallen; sicherlich wäre sie manches Mal zu diesem Kunst-Kotten gelaufen von ihrem Schneckenhäuschen aus.

Beachtliche Höhen erreichen die Baumberge, messen wir sie an dem Werbeslogan in einem bunten Prospekt: »Entdecken Sie, was ein flaches Land verbirgt!« Die Billerbecker, beheimatet in der »Perle der Baumberge«, werden sich diese Plattheit ebenso verbitten wie die Havixbecker; diese hausen immerhin 182 Meter, jene 218 Meter hoch und das sind fürs Münsterland nun wirklich beachtliche Höhen. Beide Orte wollen wir zunächst links liegen lassen, wenn wir schon mal nach Altenberge abgebogen sind. Horstmar kommt näher, die Stadt der Burgmänner, einst durch den

Kunst: Die Sammler Ilse und Otto Dobermann (rechts) zeigen ihre Sammlung von Arbeiten zeitgenössischer Künstler in einem alten Haus bei Altenberge

Horstmarer Landweg schnurstracks mit Münster verbunden, mit der Residenz der Bischöfe, die gern von hier aus ihre Amtsgeschäfte tätigten oder der ländlichen Muße oblagen.
Horstmar wurde, als es vom Stift Münster Mitte des 13. Jahrhunderts erworben worden war, zu einem stark bewehrten Platz auf fast quadratischem Grundriß ausgebaut; Rathaus und Kirche stehen mitten im Ort. Eng an die Stadtmauer schmiegten sich bald acht Burgmannshöfe. Einige sind erhalten geblieben und künden von einstiger Wehrhaftigkeit. Fast verschwunden dagegen ist die Burg der Bischöfe, die außerhalb des Ortes lag und 1635 von hessischen Soldaten in Schutt und Asche gelegt wurde.
Einige Steinwürfe nördlich von Horstmar stoßen wir wieder auf eine Besonderheit der Baumberge – auf Haus Alst nämlich, eine Wasseranlage des frühen 17. Jahrhunderts, die der »Bauernkönig« Schorlemer-Alst vor rund 130 Jahren erwarb. Doch nicht dies macht heute den Reiz von Alst aus, sondern ein Import aus den nahen Niederlanden: die farbig wechselnden Querstreifen an den Wänden des Herrenhauses, »Speklagen« genannt, Schichten aus graugelblichem Werkstein und roten Ziegeln.
Über den Schöppinger Berg – weit geht von oben der Blick ins Land – kommen wir zum ehemaligen Wigbold Schöppingen. Der schmucke Ort mit dem 400 Jahre alten Rathaus und der höherliegenden Sankt-Brictius-Kirche hat durch zwei Männer Ruhm gewonnen: durch einen wilden, ungestümen, der mit den Wiedertäufern in Münster tobte und schäumte, und durch einen eher noblen, stillen, der als »Meister von Schöppingen« und Schöpfer des berühmten Flügelaltars in der Pfarrkirche (Mitte 15. Jahrhundert) in die Kunstgeschichte einging. Der Berserker aus Schöppingen war Bernard Krechtinck; an einem Januarmorgen des Jahres 1536 wurde er auf dem Prinzipalmarkt in Münster zusammen mit »König« Jan van Leiden und Bernd Knipperdollinck hingerichtet. Auch sein Bruder Heinrich hatte sich den Wiedertäufern angeschlossen.
Und wieder Schlösser, wie überall im Münsterland, jetzt zwei gänzlich verschiedene, noch dazu auf engem Raum. Da ist zunächst Darfeld, verschwiegen eingebettet in einen weiten Park, der bald in die Hügelwelt der Baumberge übergeht. Seit 300 Jahren ist Darfeld im Besitz der Grafen Droste zu Vischering, die auch die Burg Vischering und Haus Vorhelm ihr eigen nennen.
Kunsthistoriker nehmen an, daß der münstersche Bildhauer und Baumeister Gerhard Gröninger hier zu Beginn des 17. Jahrhunderts einen achteckigen Prachtbau errichten sollte; aber er kam mit seinem damaligen Bauherrn übers Kreuz, und so wurden nur zwei Galerieflügel fertiggestellt, die zudem 1899 weitgehend niederbrannten und zu Beginn dieses Jahrhunderts wiederhergestellt wurden.
Ganz anders, von ganz anderer Geschichte Schloß Varlar, ein ehemaliges Prämonstratenserkloster, das die Grafen von Cappenberg (siehe Kapitel 4) nach 1120 gründeten. Auch hier ein großzügiger Park, auch hier prächtige Baumriesen und allerlei seltenes Gesträuch; doch die Bauwerke der weitläufigen Wasseranlage, besonders die breitgelagerte klassizistische Ostfassade, wirken wuchtiger, linearer, weniger verspielt als die Bogenlauben mit den schlanken Säulen von Darfeld. Schöpfer der vielgegliederten Wand mit den drei Giebelrisaliten und dem Altan über der Freitreppe zum Schloßteich war 1828 Adolf von Vagedes, der in den Jahren 1805/1806 Schloß Korff gebaut hatte (siehe Kapitel 2).

Berühmt: Die Billerbecker Kirche St. Johannes der Täufer entstand um 1230;
Seiten 100/101: die Stever entspringt in den Baumbergen; sie fließt zur Lippe

Wellen: Sanft schwingen die Linien der Baumberge, sommerlich gefärbt, über die Felder in der Nähe von Rorup und Darup – ein stilles Wandererparadies

Ordnung: Sorgfältig vor Jahrzehnten, oft vor Jahrhunderten gepflanzt, stehen die Bäume der Alleen vor den Schlössern und spenden wohltuenden Schatten

An Schloß Varlar haben viele Generationen gewirkt: Adlige Klosterherren, die aus der begüterten Verwandtschaft immer wieder auf neue Mittel hoffen konnten, und – ab 1803, nach der Auflassung des Klosters – die Wild- und Rheingrafen zu Salm-Grumbach, denen der Besitz – Teil des Amtes Horstmar – als Ersatz für ihre linksrheinischen Einbußen zugefallen war. Hier ließen sie sich, später gefürstet, ihre Residenz einrichten.
Jahreszahlen von 1687 bis 1922 finden sich an Schloß Varlar. Sie markieren schöpferische Bauzeiten; was vor 1687 war, ist untergegangen; was seit 1922 geschah, die leidige Last der Lust am Erbe der Väter, nämlich der Erhaltung, der ständigen Renovierung und Restaurierung – darüber werden die Fürsten zu Salm-Horstmar ein garstig Liedlein singen können, genau wie alle anderen Burg- und Schloßbesitzer des Münsterlandes.
Das Ei des Kolumbus hat auf diesem Gebiet noch niemand gefunden; begnügen wir uns fürs erste, hier bei Rosendahl, mit dem Holtwicker Ei, einem sagenumrankten Eiszeitfindling, den Überbleibseln der erdhügelgehäuften Barenburg und einigen Rundumblicken auf die Baumberge und -täler, die stille grün und gelbe Welt der Wiesenflüsse, der Laubwälder, der endlosen Spazier- und Wander- und Wirtschaftswege.
Eine blumige Sache kommt in Sicht: Legden, das Dahliendorf mit den leuchtenden Feldern der Georginen oder, münsterländisch, der Cheochienen; den Namen Dahlie dankt die mittelamerikanische Knollenblume aus einer sympathisch bunten Gattung der Korbblüter dem finnischen Biologen Dahl. Ihr lateinischer Name ›Georgina variabilis‹ aber deutet auf etwas hin, das – gelb und rot und violett und orange – einem geistlichen Herrn überaus große Freude machte. Es war der Vikar Theodor Entrup. Er kam 1923 nach Legden, ein Münsterländer aus Lüdinghausen, dem die Liebe zur Farbigkeit wohlbehüteter Bauerngärten in die Wiege gelegt sein mochte.
Der Mann im schwarzen Talar also züchtete, was hier schon Tradition war, eben jene strahlblütige Blume und erfreute sich ihrer Vielfalt, ihrer georginisch-cheochinischen »Variabilität«. Er liebte, ganz franziskanisch, die Menschen, das Vieh, die Vögel, die Fische, die Pflanzen und ganz besonders die Kinder. So rief er 1926 den »Dahlkibluko« ins Leben, den Dahlienkinderblumenkorso, der seitdem alle drei Jahre im Herbst, kurz vorm Verblühen der Cheochiene, viele Menschen anzieht. Die Idee des Theodor Entrup ist bis heute lebendig geblieben: Kindern die Welt ihrer Märchen und Sehnsüchte und Träume in Bildern aus Blumen zu zeigen.
Der Legdener Vikar, der 1955 starb, ein weißhaariger Mann mit feingeschnittenen Zügen, verband – wie so viele seiner Zunft – das Franziskanische mit dem Nützlich-Caritativen: viele Leute nämlich und damit Geld ins nicht gerade reiche westliche Münsterland zu locken.
In Legden finden wir Haus Egelborg, seit 1670 Sitz der Freiherren von Oer, ein zweiflügliges Herrenhaus, dessen Hausteich wallumgeben ist.
Dann kommen wir nach Ahaus mit seinem bedeutenden Schloß. Hier jagten die Fürstbischöfe von Münster, und ein Fürstbischof war auch der Bauherr: der barocke Herrscher Friedrich Christian von Plettenberg, der zwei weitere, geldverschlingende Schloßanlagen in das Wasser kunstvoll umgeleiteter münsterländischer Bäche und Flüsse setzen ließ. Noch während in Ahaus gebaut wurde, 1695, mußte sein Baumeister, der Kapuziner Am-

brosius von Oelde, im östlichen Münsterland, in Sassenberg, mit einer neuen Residenz beginnen, die aber nie fertiggestellt wurde und später untergegangen ist.

Schloß Ahaus war gerade sechs Jahre fertig – von 1689 bis 1697 hatten die Bauleute geschafft –, da ließ Plettenburg seine dritte Residenz errichten, die größte und herrlichste, deren Fertigstellung er freilich nicht mehr erlebte. 1703 war die Grundsteinlegung für Schloß Nordkirchen, das »Westfälische Versailles« (siehe Kapitel 4).

Das Wasserschloß Ahaus und die gleichnamige Stadt gehören zu den Orten – nahe der niederländischen Grenze –, die im letzten Krieg Schreckliches mitgemacht haben. 1945 ging der mächtige barocke Bau in Flammen auf; er wurde aber in seiner alten Form vorzüglich wieder aufgebaut.

Wir nähern uns, über Wüllen, der Grenze. In dieser Gegend, im Wüllener Esch, spielt eine Sage, die Wilhelm Dege überliefert. Auf einem großen Hof standen sieben Söhne vor einem Problem, das bis in unser Jahrhundert in vielen Bauernfamilien menschliche Katastrophen ausgelöst hat. Der Hof würde nur den Erben ernähren können; die anderen mußten auswandern. Jeder sollte seiner Wege gehen. Doch ehe sie am Hoftor ein letztes Mal winkten, pflanzten die sechs mit ihrem erbenden Bruder sieben junge Linden auf dem Esch. Die Bäume wuchsen, als kaum noch jemand sich der Auswanderer erinnerte, zu einem dicken Stamm mit sieben Furchen heran – ein Denkmal der Not und der brüderlichen Verbundenheit.

Nun ist die holländische Grenze ganz nahe – wir sind im Zwillbrocker Venn, mit über 600 Morgen das zweitgrößte Naturschutzgebiet in Westfalen.

Viele selten gewordene Vögel und Pflanzen haben hier ihre letzte Zuflucht gefunden in dunklen Moorkuhlen, auf schaukelnden Binseninseln und einsamen Heideflächen. Besonders im Frühjahr aber wird die Stille über dem Venn von kreischendem Geschrei zerrissen. Dann fallen die Lachmöwen ein, Hunderte, Tausende, um hier ihrem Brutgeschäft nachzugehen.

Eine weitere, gänzlich andere, doch nicht minder schöne Besonderheit hat Zwillbrock aufzuweisen: die Franziskus-Kirche, einen barocken Edelstein in dieser kargen, abgelegenen Landschaft. Einst stand hier das Kloster der Bocholter Minoriten, ein frommer Außenposten zur Betreuung der holländischen Katholiken jenseits der nahen Grenze, die unter den Calvinisten keinen Gottesdienst abhalten durften und bei Nacht und Nebel nach Zwillbrock kamen, um ihre Religion auszuüben. Von den Klostergebäuden blieb nur das Pfarrhaus, kurz nach 1700 an die Kirche gebaut.

In Widukinds ferne Zeiten fällt die Gründung der nahen Stadt Vreden. Die alte Stiftskirche über der Berkel mit der Hallenkrypta aus dem 11. Jahrhundert, mit dem reich geschmückten Stufenportal, das nach 1945 von der zerstörten Pfarrkirche hierher gebracht wurde, mit ihrem Hungertuch, im Volksmund »Schmachtlappen« genannt – dieser mächtige romanische Bau allein wäre schon eine Reise nach Vreden wert. Aber auch der Neubau der Pfarrkirche St. Georg lohnt einen Besuch, besonders ihr musealer Teil, in dem die Geschichte dieser Kirche sichtbar wird, eine tausendjährige Geschichte mit Hinweisen auf karolingische, ottonische, romanische und spätromanische Zeiten. Überhaupt ist Vreden als Stadt der Museen sehenswert; da ist noch das Hamaland-Museum und, im Stadtpark, das Heimathaus, das vor

15 Jahren von Ellewick hierher »verpflanzt« wurde.
Billerbeck ist unser nächstes Ziel. Durch weite Wiesenlandschaften sind wir gekommen, durch einsame Wälder im Tal der Berkel. Nicht von ungefähr heißt die Touristik-Organisation für diesen Raum »Das grüne Band im Münsterland«.
Und nun sind wir wieder in den Baumbergen, den »Hausbergen« der Münsteraner im Westen ihrer Stadt. Billerbeck, die Perle dieser sanften Hügelwelt, grüßt schon von ferne mit den Türmen seiner beiden berühmten Kirchen, der Johanniskirche aus der späten Romanik, in der der heilige Liudger, der erste Bischof von Münster, zum letztenmal in seinem Leben das Meßopfer gefeiert haben soll, und der mächtigen Ludgerus-Kirche, die bei den Billerbeckern »der Dom« heißt und kurz vor der Jahrhundertwende erbaut wurde.
Um Liudger-Lugerus ranken sich in Billerbeck viele Legenden; der friesische Missionar und Bischof hat hier eine eigene Straße, eine Sterbekapelle im Dom und eine Brunnenkapelle, 1702 von Lambert Friedrich Corfey erbaut, dem Lehrer und militärischen Vorgesetzten des Johann Conrad Schlaun.
In der Nähe von Billerbeck finden wir Kloster Gerleve, die Benediktinerabtei, die 1898 aus einer Stiftung erwuchs, und Nottuln mit seiner uralten Stiftskirche. Sie weist auf die heilige Heriburg hin, Schwester des Liudger-Ludgerus, die hier bald nach 800 ein hochadliges Kanonissenstift aufbaute.
In der Nähe von Havixbeck wollen wir noch zwei Herrenhäuser im Wasser besuchen, ehe wir nach Münster zurückkehren. Das jüngere, Haus Stapel. plante August Reinking. Aber noch im Jahr des Baubeginns, 1819, starb er. Als Baumaterial für das klassizistische Haus – angesichts der Größe wagt man dies untertreibende Wort fast nicht zu gebrauchen – wählte er Sandstein aus den Baumbergen, und aus diesem Werkstoff, der ja buchstäblich nahe lag, entstand auch – viel früher – Haus Havixbeck. Vor mehr als 400 Jahren begann ein unbekannter Baumeister hier zu bauen, 1601 erwarb die Familie der Freiherren von Twickel den Besitz.
Bis ins 19. Jahrhundert hinein wurde an diesem dornröschenhaft malerischen Herrenhaus mit seinen drei Flügeln gearbeitet, und wie an so vielen Schlössern war Johann Conrad Schlaun auch an diesem tätig. Es ist mehr als wahrscheinlich, daß er die Rufanlage aus vorindustrieller Zeit benutzte, die am Torturm Besucher empfängt. Die Tiermaske wird ihn angeblickt haben, die unübersehbar eingemeißelte Frage WER DA, und er wird ins Loch nach innen gerufen haben: »Schlaun hier, Johann Conrad Schlaun aus Münster.«
Womit wir wieder bei Münster, in Münster wären; dorthin ist es nur ein Klacks von Havixbeck, dort – in der Überwasserkirche – liegt der große Meister Schlaun begraben.

*

Informationen und Buchungen in den Baumbergen und im Westen: Verkehrsverein Münster-Münsterland, Telefon 0251/40495 und 40496, Berliner Platz 22, 44 Münster; Fremdenverkehrsverband »Das grüne Band im Münsterland« für den Westen, Telefon 02551/5090, Altes Rathaus, 4430 Steinfurt; Verkehrsverein Billerbeck, Telefon 02543/349, Postfach, 4425 Billerbeck; Gemeindeverwaltung Havixbeck, Telefon 02507/1091, 4401 Havixbeck

Literatur: siehe Kapitel 1 Münster; dazu die Werke von und über Annette von Droste-Hülshoff; z. B. die Rüschhaus-Bücher »Annette Droste« und »Annette im Rüschhaus«; Schriften der Droste-Gesellschaft; weitere Information: Geschäftsstelle der Droste-Gesellschaft, Münster, Telefon

Besonderheiten: Baumberge-Wanderwege; Annette-Museum im Rüschhaus; Sammlung Dobermann in Altenberge (zeitgenössische Kunst); Zwillbrocker Venn

Flugkünste: Nicht nur Lachmöwen, auch viele andere Vogelarten brüten im Zwillbrocker Venn; Bild vorige Seiten: hügelige Landschaft im Nordwesten

Gegliedert: Ein kleiner Plausch vor dem alten Rathaus von Burgsteinfurt, dessen Dachreiter von einem einzigen Balken, dem »Kaiserstiel«, getragen wird

Nach Nordwesten: Greven, Saerbeck, Brochterbeck, Ibbenbüren, Westerkappeln, Haus Cappeln, Sloopsteene, Mettingen, Recke, Hopsten, Heiliges Feld, Hörstel, Bergeshövede, Riesenbeck, Haus Surenburg, Rheine, Saline, Bentlage, Bentheim, Schloß und Urwald, Ochtrup, Gildehauser Venn, Haus Welbergen, Metelen, Vogelpark, Burgsteinfurt, Schloß und Bagno

Ach du mein liebes Herrgöttchen von Bentheim

Ich steh' vor meiner Heimat wie vor einem neu entdeckten Wunder: welch ein strudelnder Trichter von Leben und Gestalten ist dies amusische Land!

Josef Winckler

Am 6. Juli 1881 trug der Direktor der Saline »Gottesgabe« in Rheine in sein Tagebuch ein: »Nagelschmidt hat 1 Taler abschlägig erhalten.« Am 8. Juli notierte er: »Heute morgen wurde das Kalb zu Westermanns Bullen geführt.«

Der Tag dazwischen, der 7. Juli, hat keinen Eintrag. Da kam der Sohn des Direktors zur Welt. Es war Josef Winckler, der später mit seinen Büchern, vor allem mit dem »Tollen Bomberg«, münsterländisches Leben, münsterländischen Humor, münsterländische Hintergründigkeiten im ganzen Reich bekannt machen sollte.

Die blanke Seite des 7. Juli 1881 im väterlichen Tagebuch kommentierte der Dichter so: »Erst später erfuhr ich, daß meine Geburt nur einen Groschen gekostet hatte, und das notiert keiner. Denn das kostete der Schnaps, den Dr. Gustav Niemann aus Rheine nach vollzogener Arbeit bekam.«

Die Familie Winckler ging dann nach Ibbenbüren, schließlich in das Heidedorf Hopsten nahe dem Heiligen Meer, in die Welt der Tödden, der Spökenkieker, der düsteren, aber auch der heiteren Geschichten. Seinen Großvater, den Töddenkönig im Haus Nyland in Hopsten, einen überaus klugen, vorausschauenden Mann, hat Josef Winckler später oft beschrieben. Es scheint, daß dieser weise Handelsmann nicht nur den Ersten Weltkrieg prophezeite, sondern auch sehr viel andere Unbill, die später über die Menschen kommen sollte. So klagte er schon vor der Jahrhundertwende, als von der Zerstörung der Umwelt noch lange nicht gesprochen wurde: »Ich befürchte, daß selbst die Papppelchaussee nach Ibbenbüren bald zerstört wird, obwohl das Holz gar keinen Wert hat; aber die Straßenbauinspektion behauptet in ihrer Neuerungssucht, daß der Schotter von ihren Wurzeln gelockert würde. Hopsten

wird bald in kahler Steppe liegen.«
Und dann verriet des Dichters Großvater, daß er nicht nur ein Prophet menschlicher Sünden wider die Natur war, sondern schon vor der Jahrhundertwende aktiven Umweltschutz betrieb: »Wie häufig habe ich alle Taschen voll Blumensamen heimlich mitgenommen und ihn überall an die Hauswände, in die Gärten verstreut.«
Nach Norden, in eine Welt der prächtigen Sonderlinge und ihrer Geschichten, in urtümliche Zeiten soll uns diese Fahrt führen. Gottlob ist Hopsten nicht zur Steppe geworden, und es mag ja sein, daß der Großvater in Haus Nyland ein Verdienst daran hatte, wenn er den Bauern und den Dorfleuten seinen Blumensamen in die Gärten mogelte.
Über Greven und Saerbeck geht unser Weg nach Brochterbeck mit seinen »wilden Felsklippen«, wie es in einem Prospekt heißt. Immerhin – hier bekommt mancher Gast tatsächlich alpine Anwandlungen, denn die Felsen »fordern zum Kraxeln geradezu heraus«, und bei den nahen Dörenther Klippen kann sogar im Sommer gerodelt werden. Der weite Blick in die Parklandschaft ist der Lohn der Kraxelei an dieser Scheide zwischen dem Münsterland und dem Osnabrückschen. Pompöse Namen wie »Dreikaiserstuhl« und »Blücherfelsen« heischen Aufmerksamkeit für das liebliche Brochterbecker Bocketal.
Durch Ibbenbüren kommen wir nach Westerkappeln. Hier entstand eine der frühen Osnabrücker Tochterkirchen, gotisch-romanisch, mit dem merkwürdig seitwärts versetzen Spitzbogenportal am südlichen Anbau, das nach der Mitte des 13. Jahrhunderts in Stein gehauen wurde. Kenner bezeichnen das figurengeschmückte Kunstwerk als einmalig in Westfalen.
Überhaupt Westerkappeln – da schlummert einiges im Verborgenen. Auf dem Wasserschlößchen Cappeln, zum Exempel, malerisch und kopfweidenumstanden auf zwei Inseln gelegen, lebten Verwandte von Goethe, die Brüder von Loen, und einer von ihnen machte sich um den Bau des Bagno verdient, den wir heute noch sehen werden.
Östlich Westerkappeln liegen seit viertausend Jahren mächtige Findlinge im Wald, die Großen Sloopsteene; drei Kilometer weiter, bei Halen, die Kleinen Sloopsteene. Dieter Steinhoff deutet den Namen Sloopsteene mit »Schlafsteine«, und diese Deutung leuchtet mir ein. Denn die gewaltigen Blöcke sind in der Jüngeren Steinzeit zu Gräbern geschichtet worden, zu ewigen Schlafkammern für unsere Uraltvorderen. Die Großen Sloopsteene gelten als größtes »Hünengrab« in Westfalen – und als eines der südlichsten in der nordeuropäischen Megalith-Kultur.
Mettingen kommt in Sicht, im Volksmund »Sankt Brenninkmeyer«; was deutlich genug auf die Tüötten- oder Tödden-Tradition dieses Landstrichs hinweist. Die Brenninkmeyers und ten Brinks und Hettlages und mehr als 50 weitere Handelsfamilien zogen von hier aus und von Hopsten durch Heide und Moor weit von der Heimat fort, um die Märkte der Welt zu erobern. Die Männer verkauften – ursprünglich waren sie kleine Bauern, –, was die Frauen an Leinen gewebt hatten. Das begann schon vor gut 300 Jahren; inzwischen haben die ärmlichen Hausierer des 17. Jahrhunderts, die mit Zentnerlasten auf dem Rücken vor allem nach Holland gingen, Nachfahren von kontinentalem Einfluß.
Doch sie protzen nicht; gerade die verzweigte Dynastie der Brenninkmeyers hält ihren Reichtum mit virtuoser Könnerschaft geheim; viele leben

Ernte: Ein weiter Blick geht vom Berg über die Getreidefelder und die Busch- und Baumgruppen auf den Turm der Kirche von Ochtrup; es wird bald Herbst

Dramatisch: Das Heilige Meer bei Hopsten, Westfalens größter natürlicher See, entstand durch Erdeinbruch; Seiten 120/121: ein Tümpel am Heiligen Meer

Uralt: Rund 700 Jahre sollen die Baumriesen im Urwald-Teil des ausgedehnten Bentheimer Waldes schon auf dem Buckel haben; was stürzt, bleibt liegen

gar spartanisch nach der Regel, die einst ein Hettlage-Tüötte ausgab: »Macht weite Schritte, dann leiden die Stiefel nicht so sehr!« Und so wie sie Armut und Not der Vorfahren nicht vergaßen, blieben sie auch der Mettinger Heimat treu, stehen fromm zu ihrer Kirche – gemäß dem Spruch im Balkenwerk des Hopstener Hauses: »Gott sei Lob in Glück und Not« – und spenden viel. Einer, der im Haus Gloria lebte, kaufte laut Hans Otto Eglau jedem Bauern, dem eine Kuh eingegangen war, aus Mitleid flugs eine neue. Und bald hieß es überall: »Glorias haben die meisten Kühe in Mettingen, aber ihre Milch müssen sie kaufen.«

Nicht nur der unaufhaltsame Aufstieg vieler Töden – ungezählte von ihnen gingen auch unter – läßt diesen Winkel des Tecklenburger Ländchens bemerkenswert erscheinen. (Heute haben sie in Mettingen sogar ein eigenes Museum, die alten Leinenhändler.) Wiehengebirge und Teuto laufen hier aus; der Schafberg, angefüllt mit Kohle, die Ibbenbüren einst groß gemacht hat, geht in die Ebene über.

Über Recke, durchzogen vom Mittellandkanal, kommen wir endlich nach Hopsten, in das Dorf des Josef Winckler, des »Lügenjöbken« aus Haus Nyland, das einst Poggenburg hieß und noch heute seinen hübsch verzierten Giebel aus Fachwerk und Ziegelstein in den Himmel reckt. Hier wirkte Wilhelm Emanuel von Ketteler, der spätere Bischof von Mainz, als schlichter, aber auch streitbarer Dorfpastor und lehrte die Lebemänner unter den Tödden Mores; hier – in diesem einst entlegenen Landstrich – spielen die meisten Geschichten des Josef Winckler; hier geistern, spuken, schimpfen und erzählen und »futtersieren« die bunten Gestalten seiner Kindheit.

Den Schneider Börnebrink läßt er immer wieder zu Wort kommen, Kronzeugen unglaublicher Vorkommnisse und dörflich-wunderlicher Dönkes. Börnebrink hatte Bischof Ketteler noch gekannt; doch was war der hünenhafte einstige Pfarrer gegen den Alten Fritz, der in des Schneiders Augen der reinste Wundertäter gewesen sein mußte und sogar – welch hübsche Vorstellung – schneller gelaufen sein sollte als jedes Rennpferd. Dieser schier übermenschliche Alte Fritz also – »He konn ja de Papen nich utstohn« – traf eines Tages auf einen Geistlichen, und der erklärte ihm sehr exakt, wie es in der Hölle aussehe, mit welcher Temperatur der Verstoßene es dort und mit wieviel Teufeln zu tun habe.

Na ja, fand der König, schön und gut, aber ob denn der geistliche Herr wisse, was besser sei – sich aufzuhängen oder sich zu Tode zu saufen? Der gelehrte Gottesmann mußte passen, und so hob der Alte Fritz an: Sich aufzuknüpfen sei viel schlimmer; denn wer sich zu Tode saufe, habe sein Maul auf beim Exitus; wer sich aber aufhänge, des Hals sei unwiderruflich zu, und die Seele müsse nach hinten hinausfahren. In der Bibel jedoch heiße es wörtlich: »Nur Reines kann ins Himmelreich eingehen!«

Geheimnisumwoben war für Josef Winckler auch – und ist für uns heute noch – das Heilige Meer im Naturschutzgebiet Heiliges Feld nahe Hopsten. Eine eigentümliche Stimmung aus Sagenwelten und märchenhaften Ab- und Untergründen liegt über dem rund 70 Hektar großen Gelände mit Heideflächen und Birken, Kiefern und allerlei seltenen Pflanzen und vergessenem Getier; mit Königslibellen, die über Tümpel, Weiher, Seen schwirren; mit dem Sumpfhaarmützenmoss, das bis in flachsandige Strände wuchert.

Diese stille Seenplatte ist das Werk

untergründiger Unruhe in Gips- und Salzstöcken, ausgelöst durch ständig sickerndes Wasser, das Hohlräume freiwäscht und die Erde einbröckeln und schließlich einstürzen läßt. Keiner weiß, ob der tückische Untergrund nun endlich Ruhe gibt oder ob nicht doch einmal wieder das geschieht, das vor rund 1500 Jahren das Große Heilige Meer, Westfalens größten natürlichen See, mit Krachen, Bersten und unheimlichem Gurgeln entstehen ließ. 17 Hektar Erde brachen ein, ein riesiges Loch füllte sich mit Wasser.

1913, ohne jede Vorankündigung, grummelte es wieder aus dem Boden, und wo sich tags zuvor noch Heide und Feld gedehnt hatten, klaffte jetzt ein riesiges Loch, und wieder sickerte und strömte Wasser nach, bis ein See von 50000 Quadratmeter Größe entstanden war. Das letztemal gab die Erde im April 1950 nach; fünf Meter mißt der jüngste Kolk auf diesem trügerischen Boden.

Die Forscher freilich, die in der Biologischen Station arbeiten, halten sich mehr an handfeste Fakten als an geisterhafte Geschichten wie die Sage, einst sei im Großen Heiligen Meer ein sündiges Kloster versunken. Einen dieser Jünger der reinen Wissenschaft traf ich vor Jahren bei Messungen am Wasser. Ich fragte ihn: »Haben sie nicht Angst, eines Tages in die Tiefe gerissen zu werden, wenn wieder mal die Erde bricht?« Er lachte nur über derlei spekulative Laien-Spintisiererei und tat sehr sicher. So sicher aber fühlte ich mich nicht in diesen unheimlichen Gefilden ... Denn wenn die Etymologen recht haben, heißt heilig hier nichts anderes als das genaue Gegenteil, nämlich garstig – auf dem Heiligen Feld muß es demnach mit dem Teufel zugehen.

Ehe wir das düstere Hoheitsgebiet dieses verhaßten Herrn mit Huf und Hörnern verlassen, um uns Rheine an der Ems zu widmen, der nördlichsten Stadt des Münsterlandes, wollen wir uns einen Abstecher gestatten, oder besser zwei, vielleicht von Hörstel aus, wo einst die Zisterzienserinnen ein Kloster unterhielten. Respektable Reste, die Bernhardskirche zum Beispiel, sind heute noch zu besichtigen.

Der erste Abstecher führt uns in die wilden Pioniertage, als bei Bergeshövede zwischen Bevergern und Riesenbeck das »Nasse Dreieck« entstand. Von 1892 bis 1899 war der Dortmund-Ems-Kanal gegraben, geschaufelt, gebaggert worden; Kaiser Wilhelm II. weihte ihn mit viel großdeutschem Pomp und vermutlich mit zitterndem Schnurrbart ein. Überall entlang dieser künstlichen Wasserstraße vom Revier zur Küste feierten Tausende von Arbeitern in Goldgräberstimmung – bei billigem Korn – den Aufbruch in ein neues Zeitalter. Die Einheimischen guckten scheel auf das bunte, fremde Volk aus aller Herren Länder, das ihre Ruhe störte.

Doch das neue Zeitalter war bald beendet. Als 1915 der Mittelland-Kanal – zunächst bis Minden – fertiggebuddelt war, herrschte Krieg; diesmal kam kein Kaiser Wilhelm, keinerlei Hurra-Rufe, keine scheppernde Blechmusik begrüßte die Geburtsstunde des Nassen Dreiecks, die Anbindung des Dortmund-Ems-Kanals an den Mittellandkanal bei Bergeshövede und Bevergern.

Heute denkt an diesem markanten Punkt des nördlichen Münsterlandes ohnehin kein Mensch mehr ans Feiern; die Binnenschiffahrt hat große Sorgen, während wir Sonntagsfahrer genüßlich den Weg der Kanalschiffe aus halb Europa verfolgen, aus Ost wie West.

Der zweite Abstecher gilt Riesenbeck. In seiner klassizistischen katholischen Kirche mit dem merkwürdigen Namen

Sankt Calixtus findet sich die etwa 850 Jahre alte, fast trapezförmige Grabplatte der Reinhildis, das bedeutsame Relief einer jungen, legendenumwobenen Frau, die hier – ohne römische Absegnung, dies gibt es häufiger im Münsterland – als Heilige angerufen wird. – Und dann bei Riesenbeck Haus Surenburg, Domizil des Oberlandwirts unserer Republik, des Freiherrn Hereman von Zuydtwyck, das nördlichste westfälische Wasserschloß von Rang, ausgestattet mit drei Flügeln, gebaut in vier Jahrhunderten.

Rheine an der Ems denn nun endlich, aktenkundig seit 1000 Jahren, gelegen an einer uralten Furt der Ems, zweitgrößte Stadt des Münsterlandes, ausgestattet mit einem weiteren Superlativ, an der Sankt-Antonius-Kirche nämlich, der Basilika von 1900–1905. Der Westturm dieses neoromanischen Bauwerks ragt fast 120 Meter in den leider oft regnerischen Himmel an der Grenze zum Emsland.

Die spätgotische Dionysius-Kirche, der Falkenhof, ein ehemaliger Burgmannshof, heute kulturelles Zentrum der Stadt, und einige auffallend schöne Häuser am Markt lassen Rheine auch nach den schweren Zerstörungen des letzten Krieges sehenswert erscheinen. – Links der Ems liegt die Saline »Gottesgabe«, deren Direktor Josef Wincklers Vater war.

Ganz in der Nähe des imposanten Bauwerks aus mächtigen Balken und struppigem Reisig finden sich zwei weitere lohnende Ziele: der Tierpark mit seinem in Deutschland einmaligen Affenfreigehege und das Schloß Bentlage, ein ehemaliges Kreuzherrenkloster. Das schlichte Bauwerk ist allein schon wegen seiner Umgebung einen Besuch wert; dichte Wälder und gepflegte alte Alleen laden zum Spaziergang.

Wenn uns die Bentlager Wanderung nicht zu sehr ermüdet hat und noch genügend Zeit bleibt, sollten wir einen Schlenker nach Nordwesten wagen, gewissermaßen ins Ausland nach Bentheim, das nämlich einen Steinwurf hinter der Grenze zum Emsland auf Gäste wartet. Beherrschend auf einem sandsteinernen Bergrücken liegt das Schloß, die größte Anlage dieser Art in Nordwestdeutschland. Der Folterkeller lehrt uns das Gruseln, doch dafür entschädigt uns das hübsche fürstliche Museum mit vielen Reminiszenzen an die bescheidene Duodez-Vergangenheit der einstigen Grafen und späteren Fürsten auf Bentheim. Ein zweites Museum findet sich in der alten Kapelle im Untergeschoß des Katharinenturms. Am bekanntesten aber weithin im Land ist das »Herrgöttchen von Bentheim«, ein schlichtes Steinkreuz aus romanischer Zeit, dem heute noch eben jener Ausruf der Verwunderung oder des Erschreckens gilt: »Ach du liebes Herrgöttchen von Bentheim ...«

Von den Mauern und Türmen der Bergburg geht der Blick weit ins Münsterland und ins Emsland. Hier wollen wir noch, ein Stückchen weiter nördlich, in den Gefilden von Bad Bentheim frische Luft schnuppern und – vor allem – die verwachsenen, 700, 800 Jahre alten Eichen und Hainbuchen anschauen, vermooste Riesen, die nach dem Willen des fürstlichen Besitzers in einem verschwiegenen Urwald wachsen, fallen und vergehen, wie die Natur es will. Nur hier noch in Deutschland ist zu sehen, was im Mittelalter Wald gewesen sein mag.

Vieles andere liegt am Wege, ehe es nach Münster zurückgeht, und vielleicht sollte ich auch hier anregen, was ich schon für mehrere der sieben Fahrten ins Münsterland empfohlen habe: ein Wochenende nämlich zu bleiben, oder noch länger, um nicht einfach nur

Anziehend: Auf dem Wasserschlößchen Cappeln, auf zwei Inseln gelegen, lebten Verwandte des Dichters Johann Wolfgang von Goethe, die Brüder von Loen

abhaken zu müssen, was das nordwestliche Münsterland bietet.
Ochtrup wäre da, mit seiner Windmühle, mit Haus Welbergen, auf dem 1787–1788 der »Magus im Norden« lebte, der Philosoph Johann Georg Hamann aus Königsberg; mit dem Naturschutzgebiet Gildehauser Venn; mit Moorseen und Heideflächen. – Und dann ist da ein ganz besonderes Kapitel lokaler Geschichte – das Töpferhandwerk, dessen Produkte seit dem 17. Jahrhundert von den »Pöttkern« in ihren Kiepen nach Holland, ins Münsterland und ins Emsland getragen wurden. Eine Ochtruper Spezialität ist auch der »Siebenöhrige«, ein Nachttopf mit sieben Henkeln, »damit man im Dunkeln immer den richtigen Griff hat«, wie es in einem Prospekt heißt.
In der Nähe liegt Metelen mit seiner ehemaligen Stiftskirche, einem reich ausgestatteten Bauwerk, das bis ins 12. Jahrhundert zurückweist. Die Metelener Heide und der berühmte Vogelpark ziehen viele Besucher an. Das Paradies der 2000 Vögel aus 350 verschienenen Arten zeigt in über 100 Volieren, was da auf den fünf Kontinenten alles flattert und fliegt. In 25000 freiwilligen Arbeitsstunden entstand dieses Mekka der Ornithologen, das nun auch – mit einer Biologischen Station – zu einem Zentrum der Verhaltensforschung gemacht wurde.
Burgsteinfurt, vor einigen Jahren mit Borghorst zur neuen Stadt Steinfurt vereinigt, ist unsere letzte Station; die hübschen Straßenzeilen; die Wasserburg, auf zwei Inseln liegend, umspült von der Aa; das Rathaus mit seinem hochragenden Dachreiter, der von einem einzigen Balken, dem »Kaiserstile«, getragen wird.
Das Schloß, die Burg zählt zu den imposantesten Anlagen in Westfalen. Vom 12. bis zum 19. Jahrhundert ist hier immer wieder gebaut worden, und so wuchs das mächtige Bauwerk nach und nach zum Demonstrationsobjekt für alle Stilepochen von der Romanik bis zu den historisierenden Verspieltheiten des vorigen Jahrhunderts. Vom Schloß bis fast nach Borghorst dehnt sich das einst so großartige Bagno, zunächst – ab 1765 – ein französischer, dann ein englischer Park, von dessen Herrlichkeit mit ursprünglich 50 kleinen Wunderwerken im Wasser, am Wasser und im Wald nicht viel blieb.
Münster kommt wieder näher – schon so spät? Ach du liebes Herrgöttchen von Bentheim! Lassen wir Josef Winckler das Schlußwort, die Schilderung seiner ersten Reise in das fern von Hopsten gelegene Münster: »Diese wunderbare alte Stadt mit ihren Giebeln und Kirchen, Bogen und Märkten, dem unermeßlichen Getreibe der Straßen, drin ich stand und Schritt für Schritt weitergezerrt werden mußte – und was sich mir bot, übertraf meine Bauphantasien nicht an wolkenstürmenden Formen, übertraf sie aber samt und sonders mit der Wucht der Realität, dem Meer der Stimmen und Geräusche, dem Glanz der Schaufenster, die so groß waren wie bei uns im Dorf die Scheunentore, daß man mit einem Heuwagen wohl hineinfahren könnte!«

*

Informationen und Buchungen im Nordwesten: Fremdenverkehrsverband »Das grüne Band im Münsterland«, Telefon 02551/5090, Altes Rathaus, 4430 Steinfurt; Fremdenverkehrsverband Tecklenburger Land, Telefon 05482/300, Meesenhof 5 (Kreisheimathaus), 4542 Tecklenburg; Städtisches Verkehrsbüro Bad Bentheim, Telefon 05922/3166, Postfach 158, 4444 Bad Bentheim; Verkehrsverein Rheine, Telefon 05971/54055, Postfach 1101, 4440 Rheine
Literatur: siehe Kapitel 1 Münster; dazu die Werke von Josef Winckler, u. a. »Im Banne des Zweiten Gesichtes« und »Schneider Börnebrink«
Besonderheiten: Saline und Tierpark Rheine (mit großer Affen-Freianlage); Heiliges Meer; Gildehauser Venn; Vogelpark Metelen

Dornig: Die Saline »Gottesgabe« in Rheine-Bentlage; Bild vorige Seiten: Das Schloß in Burgsteinfurt, 1129 erwähnt, 1164 zerstört, später wieder aufgebaut

RAINER A. KREWERTH,
geboren 1943 in Warendorf,
veröffentlichte in unserem Verlag
drei weitere Text- und Bildbände, die
alle schon in mehreren Auflagen
erschienen sind. Ihre Titel:

Burgen, die im Wasser träumen
Die Burgen und Schlösser im
Münsterland. Mit 156 Bildern (davon
16 Seiten vierfarbig) von Dieter
Rensing

Zu Gast im Münsterland
Kleine Paradiese an stillen
Nebenwegen. Mit 52 Bildern von
Bernhard Preker

Wo Lukullus Platt spricht
Neue Streifzüge durch das
Münsterland. Mit 65 Bildern von
Dieter Rensing

DIETER RENSING,
geboren 1933 in Münster, ist freier
Fotograf. Von ihm stammen nicht nur
die Bilder zu vielen Büchern Krewerths,
sondern auch die Fotos zu unserem
großen Bildband über Münster. Dieses
repräsentative Werk, zu dem Helmut
Müller den Text schrieb, bietet ein
eindrucksvolles und zeitgemäßes Bild
der Stadt

2./3., durchgesehene Auflage

Grafische Gestaltung Elmar Nordmann, 8901 Rehling/Oberbayern

Die Karte entstammt dem MERIAN-Heft »Münster und Münsterland«

Bild Seite 117 Werner Franke

Luftbild Seite 49 freigegeben durch den Regierungspräsidenten Münster unter Nr. 684/81

Aschendorffsche Buchdruckerei, Münster Westfalen, 1982

ISBN 3-402-06037X

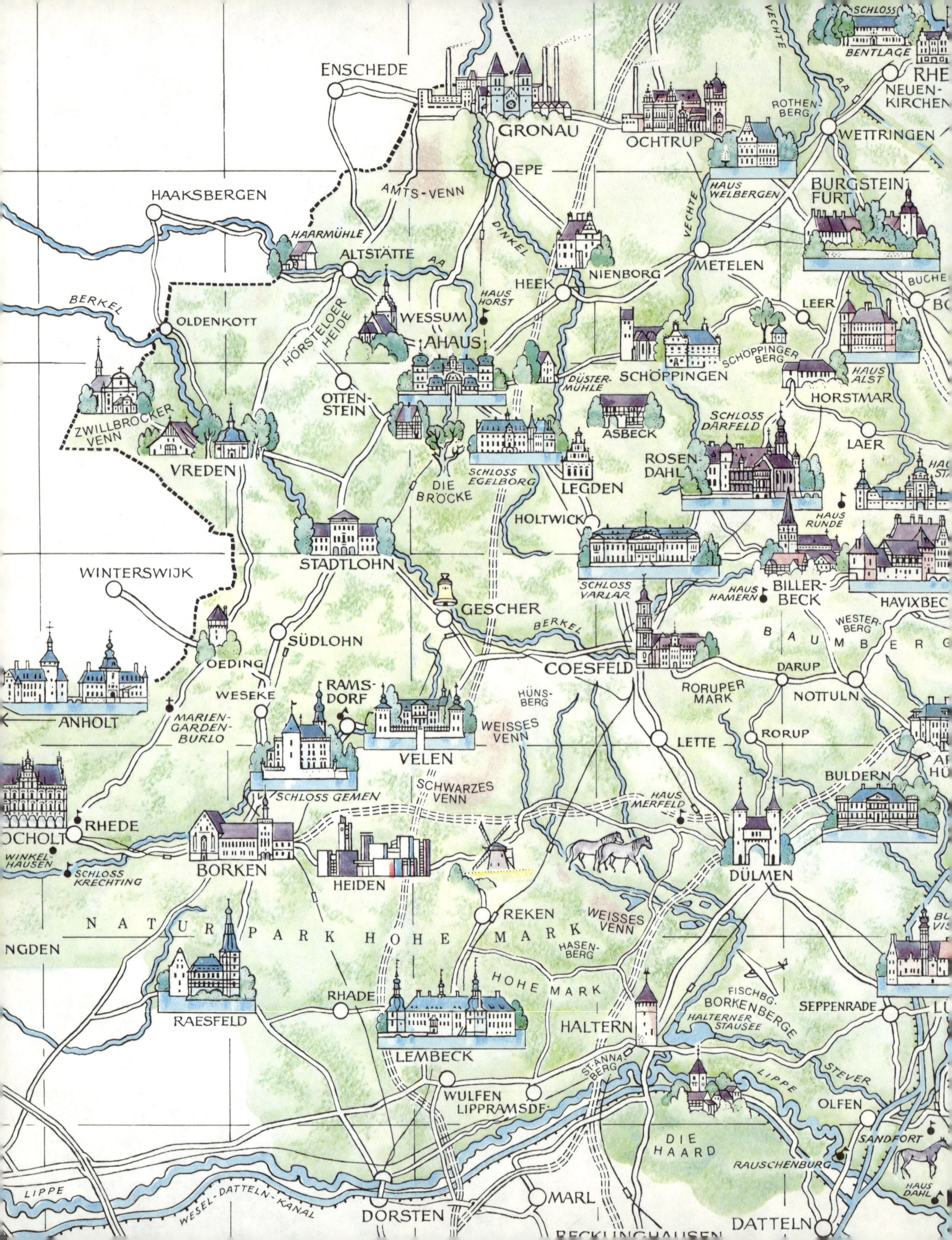
ENSCHEDE
GRONAU
OCHTRUP
SCHLOSS BENTLAGE
RHE
NEUENKIRCHEN
ROTHENBERG
WETTRINGEN
VECHTE
AA
EPE
AMTS-VENN
HAUS WELBERGEN
BURGSTEINFURT
HAAKSBERGEN
HAARMÜHLE
ALTSTÄTTE
DINKEL
NIENBORG
METELEN
HEEK
BUCHE
BERKEL
HAUS HORST
LEER
OLDENKOTT
HÖRSTELOER HEIDE
WESSUM
AHAUS
SCHÖPPINGER BERG
DÜSTERMÜHLE
SCHÖPPINGEN
HAUS ALST
HORSTMAR
OTTENSTEIN
ZWILLBROCKER VENN
ASBECK
SCHLOSS DARFELD
ROSENDAHL
LAER
VREDEN
SCHLOSS EGELBORG
LEGDEN
DIE BRÖCKE
HOLTWICK
HAUS RUNDE
STADTLOHN
SCHLOSS VARLAR
HAUS HAMERN
BILLERBECK
HAVIXBECK
WINTERSWIJK
GESCHER
SÜDLOHN
BERKEL
WESTERBERG
BAUMBERG
OEDING
COESFELD
DARUP
RAMSDORF
ROPUPER MARK
NOTTULN
WESEKE
HÜNSBERG
ANHOLT
MARIENGARDENBURLO
WEISSES VENN
VELEN
LETTE
RORUP
SCHWARZES VENN
BULDERN
SCHLOSS GEMEN
HAUS MERFELD
RHEDE
BOCHOLT
WINKELHAUSEN
SCHLOSS KRECHTING
BORKEN
HEIDEN
DÜLMEN
REKEN
WEISSES VENN
NATURPARK HOHE MARK
HASENBERG
NGDEN
HOHE MARK
FISCHBG.
BORKENBERGE
RHADE
SEPPENRADE
RAESFELD
HALTERNER STAUSEE
HALTERN
LEMBECK
ST.-ANNA-BERG
LIPPE
STEVER
WULFEN
LIPPRAMSDF.
OLFEN
SANDFORT
DIE HAARD
RAUSCHENBURG
LIPPE
WESEL-DATTELN-KANAL
MARL
HAUS DAHL
DORSTEN
DATTELN
RECKLINGHAUSEN